有趣的汉字王国
⑤

汉字风云会

《汉字风云会》栏目组◎编著

关正文◎总策划

咪咕阅读　海峡出版发行集团 THE STRAITS PUBLISHING & DISTRIBUTING GROUP｜福建教育出版社　青葫芦

本书顾问

（按姓氏笔画顺序）

王 瑾
杭州师范大学小学语文
教学法研究所副所长

刘丹青
中国社会科学院语言研
究所所长

刘祥柏
中国社会科学院语言研
究所教授

李山川
汉字科普学者

杨无锐
天津师范大学教授、文
学博士

张一清
教育部语言文字应用研
究所研究员

林志强
福建师范大学文学院副院
长，汉语言文字学博士点、
硕士点学科带头人

程 荣
中国社会科学院语言研
究所研究员、《新华字典》
第11版修订主持人

韩田鹿
河北大学文学院教授、硕
士生导师

鲁大东
中国美术学院书法博士

蒙 曼
中央民族大学历史系副教
授、硕士生导师

廖文豪
文化嘉宾

谭景春
中国社会科学院语言研
究所词典编辑室主任

编委名单

丛书主编

沈小玲

丛书副主编

平 颖

分册主编

金文琴

分册副主编

李敏珍 郭芳琴

分册编委

蒋 盼 王 茜 俞锦佳 冯晓晨

李 薇 蒋 艳 陈央央 郑海慧

思维的密码　微观的世界

　　所有买了这本书的家长都是非常有眼光的家长，所有在看这本书的小朋友都是非常棒的孩子。因为对每一个中国人而言，汉字都是生命成长的根。这是个坏消息，也是个好消息。

　　坏消息是汉字太难写了。好多老外，学了好多年汉语，中国话说得跟中国人似的听不出多大破绽，一到写汉字就露了馅儿。可见写汉字有多难。所有中国孩子都要把学习阶段的相当一部分精力用到学写汉字上，这个过程有点枯燥，有点漫长。但好消息是所有的中国人都因此成了超人，因为我们掌握了一种由人类发明的、复杂的交流工具。

　　除了汉字，别的文字都只能表示说话的声音，汉字却是在表达词语的意思。人类的祖先在发明不同文字的时候，有很多都是从画画开始的，但是别人都嫌麻烦，后来都改用表音体系了，只有汉字传到了今天。每个字都有自己的历史，每个字都包含着一个思维的密码，每个字都是一个微观的世界。这很了不起。所以学习汉字，比学习其他语言的文字有更多的乐趣和收获。

　　从这个角度而言，这是一本有关字的故事的书。它可以帮助孩子们记住很多汉字和语词，并且让这个过程变得有趣。也许有人会问，我还有那么多数学、英语作业要做，还要学钢琴，还要去游泳、踢足球，认识那么多字有什么用呢？这真是一个糊涂的想法，因为你想做好任何事情，都离不开认识很多字这个基础。

　　这个道理很简单，因为你做的所有事情都需要用脑子。什么叫用脑子呢？就是要体会、要琢磨、要有自己的判断。语言不光是用来说话的，它还是你思考的工具。认识的字少，你的语言就贫乏，你思考的工具就简单。同样是赶路，你光着脚连鞋都没有，能走多远呢？

认的字多，就能读懂更多的好书；会写的字多，就能更好地表达你的意思。简单的文字是很难表达复杂的感受和思想的。我们就说吃吧，这很简单是吧？如果你吃到一种别人没有吃到的食物，想跟别人说说有多好吃，可你只会用"香"这一个字，那你的感受可能根本就说不清。你可能需要用到"甜""酸""脆""滑""酥""糯""暄"等等好多可以用的字，你会的越多，就能说得越准。如果你用你发明的新科技发现了新的宇宙，这可比吃到一种新食物伟大多了，但你只会用"美"这一个字来描述你的发现，别人一定会以为你什么都没发现呢。所以，大家应该尽可能认识更多的字，掌握更多的词。

还有一个需要嘱咐小朋友的是，你们的爸爸妈妈为你们买了这本书，可能他们想到的只是让你们好好学习汉字。其实，你们学了之后，也可以成为父母的老师。你们可能不知道，人一辈子写字最多的时期，就是你们现在这个上学的阶段。大人们离开学校久了，习惯使用电脑，每天真正拿笔写的字都不如你们多。不常写就会忘，所以很多字你们会写，大人不一定会写。你们可以经常拿着书里的字词考考父母，帮助大人进步。

《汉字风云会》希望能帮助小朋友们更加有趣、更加高效地识字、写字。它的成果在这本书中。节目和书的源头都是咪咕智能词库，但却是两条河流。先看节目再看书，像是换了一道风景，两岸的景色完全不同，书里的花花草草更加细腻、立体。先看书再看节目，像是带着风景走进了电影院，每个字词都成了风景中的游戏。

感谢所有的观众和读者。识字和写字是一件应该持续终生而且非常享受的事情。

关正文
2017 年 10 月 18 日

目 录

象 形 字

按照事物的形状画出来。

鱼，甲骨文为""。上面是头，下面是尾，中间的斜线表示鱼鳞。

指 事 字

不能画出来时，就用一种抽象的符号来表示。

刃，甲骨文为""，意思是刀的锋利部分，用"刀"上加一点来示意。

形 声 字

由形旁和声旁组成。形旁表示字的意思或类属，声旁用来提示发音。

娴，形旁是"女"，声旁是"闲"。

会 意 字

两个或两个以上的偏旁组合起来，另造新字。

休，甲骨文为""。一个人在树下歇息。

安 详

从容不迫；稳重。

你知道吗？

"安"的甲骨文写做"🅰"，"⼌"是房子，"🅱"是女子，表示房中有新娘。在古代社会，人们认为男子娶亲，完成了一生中的大事，就能安心踏实地过日子。

举个例子

只剩下那个箱子，由一个日本人看守着。陈策装作很安详的样子，径直走到他的跟前，和颜悦色地同他交涉。

吴玉章《辛亥革命》

拈 花 一 笑

这是一个佛教故事。有一次，大梵天王在灵鹫（jiù）山上请佛祖释迦（jiā）牟尼讲解佛法的奥妙。大梵天王带领众人把一朵金婆罗花献给佛祖，隆重行礼之后大家退坐一旁。佛祖拈起那朵金婆罗花，在手中转来转去，好像在暗示着什么，只见他神态安详，却一句话也不说。大家谁也看不懂他这个动作是什么意思，只好你看看我，我看看你，整个佛堂鸦雀无声。

可就在这时，佛祖的大弟子迦叶竟然笑了起来，大家都暗暗为他捏了把汗。要知道，宗教堂会的戒律是非常严厉的。可让大家意料不到的是佛祖当众宣布："我有普照宇宙、包含万有的精深佛法，能够摆脱一切虚假表相修成正果，其中妙处难以言说，刚才已经传授给迦叶同学了。你们要学，就问他去吧！"这师徒两人的奇妙行为，就叫做"拈花一笑"。

据说，这也是禅宗的开始。它的特色就是：传道授学，讲求心领神会，不用文字言语表达。

鞭辟入里

原指学习要切实。现常用来形容能透彻说明问题，深中要害。

你知道吗？

在这个成语中，"里"的繁体字是"裏"。小朋友们发现了吗，"裏"藏了两个字，一个是"衣"，一个是"里"。所以，"里"的本义是衣服的里侧，后来引申为里面、内部之意。"鞭辟入里"的"里"是深入分析，靠近了最里层，而不是有道理、有条理的"理"。

举个例子

而那些理学话，又都是作者阅历有得之言，说得鞭辟入里，不枝不蔓。

朱自清《杂文遗集》

孟 子 休 妻

5

孟子生于战国时期，他是儒家的代表人物，和孔子并称为"孔孟"。他鄙视权势富贵，大胆泼辣、鞭辟入里地同诸种学说展开针锋相对的论争，一生取得了卓越的成就，而这一切与他母亲对他的教导是分不开的。

一天，孟子的妻子独自一人在屋里，叉开腿蹲在地上。孟子进屋看见妻子这个样子，就对母亲说："这个妇人不讲礼仪，请准许我把她休了。"孟母问："什么原因？"孟子说："她叉开腿蹲在地上。"孟母问："你怎么知道的？"孟子回答："我进屋时看见的。"孟母说："这是你不讲礼仪，不是妇人不讲礼仪。《礼经》上不是这样说吗，将要进门的时候，必须先问谁在里面；将要进入厅堂的时候，必须先高声传扬，让里面的人知道；将进屋的时候，必须眼往下看。《礼经》这样讲，为的是不让人措手不及，无所防备。而今你到妻子闲居休息的地方去，进屋没有声响，因而看到了她蹲在地上的样子。这是你不讲礼仪，而不是你的妻子不讲礼仪。"

孟子听了母亲的教导后，认识到自己错了，再也不提休妻的事了。

不 胫 而 走

比喻事物无需推行，就已迅速地传播开去。

你知道吗？

　　"胫"是"月"字旁，这个"月"字是从"肉"字变来的，大都和身体器官相关，如"锥刺股"的"股"指的是大腿，而"胫"指的是小腿。"走"这里是跑的意思。"不胫而走"指没有小腿却能跑。小朋友们要注意，不要把"胫"写成"径"哦！

举个例子

　　这些故事在中国曾经不胫而走，传遍各地，历久不衰。

　　　　　　　　　　　　　　　　秦牧《长街灯语》

珍珠美玉没长脚

　　赵简子，春秋末期晋国赵氏宗族的领袖。有一天他去西河游玩，非常开心，感叹说："怎么能得到天下的贤能之士朝夕相处呢？"老船夫听了，跪下来说："珍珠美玉没长脚，千里之外也能到来，是因为人们喜爱它们；现在贤人有脚却不来，这是您不喜爱他们的缘故吧。"赵简子辩解道："怎么会呢？我的门客有数千人，早晨吃过饭，粮食就不够了，晚上就要去征集税收；晚上吃过饭，粮食就不够了，早上就要去征集税收。像我这样的人，还说不喜欢贤士吗？"老船夫微微一笑，回答说："鸿雁高飞远翔，靠的是翅膀上的大羽毛。背上和腹部的细毛没啥大用，拔去一把，不能飞得更低，增加一把，不能飞得更高。不知道您手下几千名门客，是鸿雁翅膀上的大羽毛呢？或者全都是背上和腹部的细毛呢？"赵简子听后恍然大悟，从此以后更加注意招纳真正有才能的人，实施改革，壮大了赵氏宗族的实力。

【 bù kě míng zhuàng 】

不可名状

无法用语言来形容。

你知道吗？

　　"名"的甲骨文是"日D"，是由日（口）和D（夕）组成的。"口"是叫喊的意思，"夕"是黄昏的意思，故"名"的造字本义是日落天黑的时候，父母呼唤孩子回家。"名"也有说出、叫出的意思，如"不可名状"中的"名"。

举个例子

　　芳气酷烈，不可名状。

〔宋〕洪迈《夷坚志》

沧 海 桑 田

晋代道士葛洪的《神仙传》中记录了这样一个故事：

相传在汉桓帝时，神仙王方平有个徒弟叫蔡经。一天，王方平到蔡经家里做客，没过一会儿，王方平的妹妹麻姑也来了。这麻姑看上去只有十八九岁，长得非常漂亮，她的头顶上梳个发髻（jì），其余的头发下垂到腰部，穿着有彩色花纹的衣服，光彩耀目，不可名状。

麻姑进来见了王方平，自然有好多话要说。麻姑说道："自从我得道成仙以来，已经看到东海三次变为桑田了。我刚才到蓬莱仙岛，又看见东海海水比以前浅了一半，难道东海又要变成丘陵和陆地了吗？"

王方平听了，感叹道："是啊，圣人们都说，东海的水位在下降，不久以后又要干涸了，那里还将扬起尘土呢！"

后来，人们根据王方平和麻姑的这段对话，得出了"沧海桑田"这个成语。

防患未然

在祸患或事故发生之前做好预防措施。

你知道吗？

"未"是个象形字，它的甲骨文写做"$\ast$"，就是在树木（$\ast$）的枝杈上部再加上一根枝丫，表示枝叶茂盛，不过强调的是树木虽然枝繁叶茂，但还没有结果。所以，"未"的意思就是没有、不曾。

举个例子

昨夜省里就来了密令，叫注意这个问题，说为了防患于未然。

王西彦《夜宴》

魏 徵 劝 谏

　　魏徵是唐朝的一代名相，他敢于直言不讳，常常大胆地指出唐太宗做得不足的地方。

　　有一次，唐太宗得到一只鹞鹰，非常喜爱，把鹞鹰架在胳膊上玩，看到魏徵来了，慌忙把鹞鹰藏在怀里。魏徵看出来了，就走上前去汇报事情，还讲了古代帝王由于安逸享乐而亡国的故事，暗暗地劝谏太宗。魏徵故意说很长时间，太宗担心鹞鹰被捂死，但他又一向尊敬魏徵，不敢直接轰他走。等魏徵说完走了，唐太宗松了一口气，但一看鹞鹰已经被捂死了。

　　魏徵常常劝谏唐太宗防患于未然，虚心地接受臣民的意见。唐太宗虚心接受，勤政爱民，最终开创了著名的"贞观之治"。

关怀备至

关心得无微不至。备，完全。

汉字风云会
有趣的汉字王国 5

你知道吗？

　　"怀"在西周时期写成"𢙤"，那时这个字还没有竖心旁，字的形状像是衣服里面藏着一只眼睛，而且这只眼睛还流着眼泪，表示非常想念的意思。

　　"备至"是完全、周到的意思，所以不要把"关怀备至"误写为"关怀备致"或"关怀倍至"。

举个例子

　　总理对人总是关怀备至，体贴入微。

刘白羽《海天集》

孙权礼遇部下

　　小朋友们都知道，中国历史上汉朝灭亡之后进入三国鼎立时期，蜀国的刘备、魏国的曹丕、吴国的孙权都是了不起的人物。今天我们来讲一讲吴国的孙权。孙权继承了父亲和哥哥的事业，自领兵之日起，就以宽阔的胸怀对待文武大臣，充分赢得了下属的信赖。

　　赤壁之战，除周瑜外，功劳最大的人是鲁肃。为了表示慰问，孙权亲自迎接鲁肃，鲁肃却说："只有您征服天下，当上皇帝，再像今天这样来迎接我，才显得光荣。"孙权听后哈哈大笑，丝毫没有怪罪的意思。

　　孙权的部下凌统和陈勤两人相约喝酒，酒后陈勤无故侮辱凌统，凌统一怒之下竟将陈勤杀了。孙权觉得凌统平素是个很重义气的人，杀人只是酒后一时糊涂，便没有治凌统死罪。之后，凌统在战场上身先士卒，攻无不克，立了大功。凌统病死后，孙权把凌统两个年幼的儿子接到宫中，像对待自己的孩子一样，让他们衣食无忧，还专门请老师教导他们。

　　生时以诚相待，死后对其家属关怀备至，孙权的做法赢得了人心，激励着一批又一批文武官员为他舍命效劳，从而建立了霸业。

寒暄

见面时的应酬话。

你知道吗？

　　"暄"是一个形声字，左边"日"字旁表意，"暄"表示（太阳）温暖。而"喧"则是声音大的意思，如喧哗、喧闹。我们日常见面打招呼时，大多是相互问候，嘘寒问暖的，并不需要大声吵闹。因此，大家不要把"寒暄"错写成"寒喧"哦！

举个例子

　　忽有数人来，狐从容与语，备极寒暄。

〔清〕蒲松龄《聊斋志异·狐谐》

好邻居的价值

南朝时候，南康郡守季雅是一个刚正不阿的人，他为官清正廉洁，从不屈从于达官贵人的威逼利诱，因此得罪了很多人。那些人都想把季雅这个眼中钉、肉中刺拔掉。没过多久，季雅便被革职了。

季雅被罢官以后，便离开了官邸（dǐ），四处打听，寻找符合心意的住所。很快，他就从别人口中得知有个叫吕僧珍的人，吕僧珍为人善良、待人真诚，曾经当过辅国将军。说来也巧，吕家隔壁的人家恰好要搬到别的地方去，打算卖房子。季雅便用一千一百万钱的高价买下了这座房子。

一天，吕僧珍过来拜访新邻居。两人寒暄一番后，吕僧珍问季雅："据我所知，这处宅院不算新，也不是很大，先生怎么花了如此之高的价钱买下来呢？"季雅笑了笑说："我这一百万钱是用来买宅院的，一千万钱是用来买您这位道德高尚的好邻居的啊！"

季雅宁可出高得惊人的价钱，也要选一位好邻居，正是因为他知道好邻居会给他的生活带来良好的影响。

[jiù xù]

就 绪

一切安排妥当，有了条理。

你知道吗？

"绪"的本义是指丝的头，引申为开端，头绪、就绪、绪言中的"绪"都是这个意思。在汉字里，"纟"旁的字，一般和丝有关系，如纱、线、练等。中国考古学家在 1958 年发现了距今 5300 年的丝绸织品，这说明早在 5300 年前我国就已经出现了丝绸。

举个例子

遇事只一味镇定从容，纵纷若乱丝，终当就绪；待人无半毫矫伪欺隐，虽狡如山鬼，亦自献诚。

〔明〕洪应明《菜根谭》

嫘祖养蚕缫丝

相传黄帝带领先民种植五谷、驯养动物、冶炼铜铁，而做衣冠的事就交给了自己的妻子嫘（léi）祖。有一天，嫘祖去树林中捡拾柴草，被一张大蜘蛛网蒙住了脸。她不知何物，跑到水边一照，脸上像蒙了一层纱，觉得很有趣。她想：如果把蜘蛛网织得厚一些，罩在身上，比起穿树皮、戴树叶不是又方便又暖和吗？后来，她又发现山上的一种昆虫会吐丝，比蜘蛛丝更结实，便把这种昆虫捉回家饲养。这种昆虫就是蚕。

但是，怎么从蚕结出的茧子里抽出丝来呢？嫘祖百思不得其解。过不多久，有一次，嫘祖煮水烧饭时，无意中把几颗茧子掉进了沸水里，她慌忙捞出，茧子却被她扯出了丝线。嫘祖顿时眼前一亮，她想出了缫（sāo）丝的办法。黄帝知道这件事后很高兴，就赐给嫘祖桑林，并让她教人们养蚕缫丝、织布做衣的方法。从此，华夏大地上人人都有衣服穿，中华民族文明开始了新篇章。

后人为纪念嫘祖的功绩，敬奉嫘祖为"蚕神"。在很多地方，每年三月三，人们为嫘祖举行七天庙会，唱大戏，祭蚕神，人山人海，热闹非常。

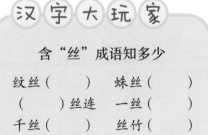

汉字大玩家

含"丝"成语知多少

纹丝（ ）	蛛丝（ ）
（ ）丝连	一丝（ ）
千丝（ ）	丝竹（ ）

绵里藏针

形容柔中有刚，也比喻外貌和善，内心恶毒。

你知道吗？

"绵"在不同的词语里意思不尽相同。"绵软"的"绵"是薄弱、柔软的意思。"连绵"的"绵"是绵延的意思。"绵里藏针"的"绵"有"柔软"之意，在意思上与"针"相对。说到这里，你肯定想到了另一个"棉"，它的意思就比较单一了，是一种植物名，果实中的棉纤维是重要的纺织原料，棉籽可以榨油。现在，你知道"绵"与"棉"的区别了吧。

举个例子

好好我认真，我是绵里藏针，肚里容珠。

王朔《玩儿的就是心跳》

周恩来巧驳外交官

周恩来是中华人民共和国第一任总理，还是一位杰出的外交家。他说话柔中带刚，绵里藏针。关于周总理幽默风趣的外交故事还真不少呢！

有一回，美国代表团访华。周总理接见了他们，其中一名外交官当着周总理的面说："据说中国人非常喜欢低着头走路，而我们美国人恰恰相反，喜欢抬着头走路。"很明显，这是在侮辱我们中国人。此语一出，在场的中国工作人员都被激怒了，很是气愤，但是又不知如何有力地回击对方。周总理却镇定自若，不慌不忙，眉宇间没有表现出半点不悦，反而面带微笑地说："这并不奇怪，因为我们中国人走的是上坡路，而你们美国人喜欢走下坡路。"

"绵里藏针"的近义词是不露锋芒、不露圭角。

那位官员一听，面色尴尬，窘迫得不知道该说什么，只得频频点头。在场的中国工作人员顿时舒了一口气，对周总理的语言艺术啧啧称赞。

周总理的回答看似平常，却有力地讽刺了美国官员的话。这就是言辞柔中带刚的周总理，他被誉为"中国人的最佳外交官"。

能屈能伸

能弯曲也能伸直。指人能适应各种境遇，在失意时能忍耐，在得志时能施展抱负。

你知道吗？

能，古字写成"🐻"，是一只熊的形状，你看，它头大尾巴短，四肢非常粗壮，脚掌也大大的。在很多古书里，熊就写做"能"。

能屈能伸是 ABAC 式成语，这个类型的成语还有人山人海、自言自语、可歌可泣，等等。

举个例子

知行知止唯贤者，能屈能伸是丈夫。

〔宋〕邵雍《代书寄前洛阳簿陆刚叔秘校》

孙膑与庞涓

战国时期，孙膑和庞涓拜鬼谷子先生为师，一起学习兵法。两人情谊深厚。

庞涓学成后先下山，去魏国当了大将。几年后，孙膑也去了魏国。庞涓担心孙膑夺走他的位置，就设计让孙膑吃了官司，可怜孙膑被剜去两个膝盖骨，成了废人。后来，他装疯卖傻，逃出魏国，来到齐国。孙膑乃是能屈能伸的大丈夫，他到齐国后，为齐王出谋划策，得到了齐王的重用。

一年，庞涓带兵攻打韩国，孙膑建议齐王去袭击魏国空虚的都城大梁。庞涓闻讯，急忙回救。等他赶到大梁郊外时，齐军已撤离。他派人去数齐军营垒中的灶迹，竟有十万之多；追了一天，再数齐军灶迹，只剩五万了；第三天，齐军只有三万个灶了。庞涓大喜，认为齐兵人数锐减，便下令全力追击。

等庞涓追到马陵道时，已黄昏时分，正全速前进，忽然被一棵大树挡住去路，隐约见到树身有字迹。庞涓令人点亮火把，亲自上前辨认树上的字，原来是"庞涓死于树下"。他大喊一声："我中计了！"话音未落，四周锣响，万弩齐发，庞涓浑身上下像刺猬一样，"扑通"栽倒在地。这个心胸狭窄、害人不浅的庞涓就这样死去了。

[tōng jī]

通缉

公安机关通令有关地区协同缉拿在逃的犯罪嫌疑人或在押犯人。

你知道吗？

看，在小篆文中，"缉"字左边看上去像什么？对了，很像线绳。因此，"缉"的本义是把麻的纤维搓成线，后来引申为搜捕、捉拿。

小篆的"缉"

举 个 例 子

不管他们逃至何处，均须缉拿归案，依法惩办。

毛泽东《向全国进军的命令》

一 诺 千 金

西汉初年，楚地有一个叫季布的人，非常讲信用。只要他答应的事，无论有多困难，他一定想方设法办到。当时流传着一句谚语："得黄金百斤，不如得季布一诺。"

季布曾是项羽的得力干将，率兵多次打败刘邦。后来刘邦建立汉朝，当上皇帝的时候，便下令通缉季布。谁将季布送到官府，就赏他一千两黄金；窝藏季布，论罪要灭三族。然而，季布重信义，深得人心，人们宁愿冒着被诛灭三族的危险为他提供藏身之所，也不愿意为一千两黄金而出卖他。

有一个姓周的人秘密地将季布送到鲁地一户姓朱的人家。朱家很欣赏季布，不仅设法保护季布，还专程去洛阳，请刘邦的好朋友汝阴侯滕公向刘邦说情，希望能撤销追杀季布的通缉令。滕公找了一个机会向刘邦奏明说："季布是个很有才能的人，如果追捕他，反而使他投奔敌方。"刘邦觉得有道理，就赦免了季布。不久刘邦还任命季布做了官。

后来，人们就用"一诺千金"来形容一个人很讲信用，说话算数。

为人处世

一个人生活在世上对待事情和处理事务的方式。

你知道吗？

常常有人分不清"为人处世"与"为人处事"的区别。其实不难，这两个成语差在最后一字。"事"指事情，"为人处事"是对具体事情、具体问题的处理方法；"世"代表所有外界的环境和各种各样的事务，"为人处世"指的是做人和做事的总体态度，含义更加广泛。

举个例子

鸟惜羽毛虎惜皮，为人处世惜名誉。

谚语

汉字故事会

为人宽厚的"美猴王"

六小龄童是著名的表演艺术家，他扮演的《西游记》中孙悟空一角深受人们喜爱。

六小龄童非常喜欢收藏，藏品一般都和《西游记》有关系。有一次，他在街上发现了一套木刻版的《西游记》，喜欢得不得了，马上买下来，捧着书兴奋地回家了。

回到家，他傻眼了。原来一整套是三十本，小贩偷偷藏起来两本，只给了他二十八本。家里人说："你赶紧回去，找那个小贩好好说说理。"六小龄童想了想，摆摆手说道："算了算了，那个人也是想多挣点钱，挣钱不容易。"

第二天，他又带上钱去了买书的地方。小贩一眼认出了他，以为他来兴师问罪，低着头一直不敢抬起来。六小龄童把早已准备好的零钱拿出来，学着孙悟空的口气说："老板，把另外两本书也卖给我吧，您可千万别舍不得啊！"

小贩被逗笑了，他内心很是愧疚，主动把书拿了出来并说不要钱，但六小龄童坚决把钱塞给了他。

六小龄童就是这样一个宽容的艺术家，他为人处世的态度就和他塑造的角色一样，让人佩服！

[wù sōng]

寒冷天气，雾冻结在树木的枝叶上或电线上而成的白色松散冰晶，俗称树挂。

你知道吗？

"雾凇"的"凇"和"吴淞江"的"淞"很像，仔细观察，你会发现"凇"偏旁是"冫"，"淞"却是"氵"。这是为什么呢？让我们用归纳法来找一找规律吧。"冫"的字还有凉、冰、冷等，"氵"的字有海、河、流等，你得出了什么结论？

原来，"冫"的字本义大多和寒冷有关，"氵"的字则和液态水有关。"雾凇"是水汽冻结而形成的自然奇观，与寒冷有关，所以偏旁是"冫"。

举 个 例 子

寒气结冰如珠见日光乃消，齐鲁谓之雾凇。

〔晋〕吕忱《字林》

雾凇奇景

雾凇是一种奇特美丽的自然奇观，人们对这一自然景观有很多更为形象的叫法：因为它美丽皎洁，晶莹闪烁，像怒放的花儿，称它为"冰花"；因为它在寒流席卷大地的时候，傲霜斗雪，因此称它为"傲霜花"；又因为它如同美玉和水晶，把神州大地装点得繁花似锦，引无数文人骚客吟诗绘画，抒发情怀，称它为"琼花"。

清朝诗人宋照就有诗专门描写雾凇："风寒雾下成银沙，遍糁①林木垂鬖髿②。天公知我太岑寂，先遣万树开梨花。"他形容雾凇奇景就如同万树开满梨花一样美丽。

在千里冰封、万里雪飘的吉林，就可以见到这种景观。松花江畔，冬天的时候，岸边柳树上会挂满毛茸茸、亮晶晶的冰条儿，犹如一朵朵白菊欣然怒放；挺拔的松树上结满了树挂，洁白透亮，就像披上了华丽的银装。

雾凇如此神奇，你是不是也很想去看一看呢？

---

①糁（shēn），像碎米粒一样洒落。
②鬖髿（sān shā），树木枝叶下垂的样子。

[wù xū biàn fǎ]

戊戌变法

戊戌变法，又称百日维新，是指 1898 年 6 月 11 日至 9 月 21 日以康有为为首的维新派人士通过光绪帝进行的资产阶级改良运动。

你知道吗？

为什么叫"戊戌变法"呢？因为 1898 年是农历戊戌年。戊，天干的第五位；戌，地支的第十一位。

和"戊""戌"容易混淆的字有"戍""戎"，你是不是分不清了？记住下面的口诀吧：横戌（xū）点戍（shù）戊（wù）中空，十字交叉就读戎（róng）。

举个例子

对"封建宗法性"特征的挑战，始于戊戌变法后一代代先进的中国知识分子。

百度汉语

戊戌六君子

清朝的光绪皇帝在18岁时就亲政了，但实权还掌握在慈禧太后手里。面对着国家危机四伏的局面，光绪皇帝在1898年（戊戌年）秘密谋划夺回权力，并启用康有为、谭嗣同等人进行政治改革。

9月18日夜，谭嗣同前往法华寺争取当时掌握兵权的袁世凯的支援，不料袁世凯泄露了这个机密，光绪皇帝被慈禧太后囚禁起来。之后，慈禧太后派人捕杀维新党人。梁启超逃往日本，让谭嗣同也一同逃走，谭嗣同不想连累大家，也希望以热血唤醒国人变革的决心，故一心求死，拒绝逃亡，于1898年9月28日在北京宣武门外的菜市口刑场英勇就义。临刑前，他在监狱墙壁上写下一首绝命诗，其中"我自横刀向天笑，去留肝胆两昆仑"成为彪炳千秋的名句。

当时和谭嗣同一起惨遭杀害的维新志士还有康广仁、林旭、杨深秀、杨锐、刘光第五人，历史上称这六位维新志士为"戊戌六君子"。

小链接

在中国近现代史上，还有哪些以天干地支纪年法命名的历史事件呢？对了，还有甲午战争、辛亥革命、庚子赔款等。

悬梁刺股

这个词语来源于两个典故：头悬梁，锥刺股。形容刻苦学习。

你知道吗？

　　"梁"字里有"水""木"两个字，小朋友们发现了吗？因此，"梁"最开始的意思是用木料在水上造桥。在古代，"梁"还有河堤、围堰的意思。北宋都城开封修建在黄河古道上，那里有许多大的矮坝堰，可以捕鱼，所以开封有了一个很有趣的别称——"大梁"。由此，渔民中就有许多人以"梁"为姓，这也是"梁"作为姓氏的来源之一。

举个例子

　　（苏秦）读书欲睡，引锥自刺其股，血流至足。

《战国策》

　　孙敬字文宝，好学，晨夕不休。及至眠睡疲寝，以绳系头，悬屋梁。

〔东汉〕班固《汉书》

苏秦引锥刺股

苏秦是战国时期著名的纵横家、外交家和谋略家。他虽出身农家，家境贫寒，但一直胸怀大志，潜心苦读。

苏秦读了几年书，东奔西跑了好几年，也没有成就什么事业。后来钱用光了，衣服穿破了，只好回家。父母看见他狼狈的样子，都不愿意和他说话；他妻子坐在织机上织帛，连看也没看他一眼；他求嫂子给他做饭吃，嫂子不理他转身走开了。

苏秦很难过，决定发奋进取。他每天读书到深夜，有时候累得伏在书案上睡着了，第二天醒来后悔不已。后来，他想出了防止打瞌睡的办法：引锥刺股——每当要打瞌睡时，就拿锥子扎自己的大腿。他的大腿因此常常鲜血淋淋，目不忍睹。

经过几年"血淋淋"的苦学，苏秦学识广博，再次出去闯荡天下，终于事业有成，开创了自己辉煌的政治生涯。

哑铃

体育运动的辅助器械，用木头或铁制成，两头呈球形，中间较细，用手握住做各种动作。

你知道吗？

铃，古代铜制的响器和乐器。样子小巧，像一口钟，腔内有铜舌，摇一摇就能发出悦耳的声音。哑铃两头是圆形的，形状像铃，因为人们举起它锻炼时，没有声响，所以称之为"哑铃"。

举个例子

在健身房健身的时候，对于锻炼肌肉的耐力，哑铃和杠铃都是很好的器械。

胡歌

国画大师齐白石

　　国画大师齐白石出身贫寒，8岁时就给人家放牛、砍柴，他后来还当过木匠，生活非常艰苦。57岁时，齐白石在北京以卖画度日。他的一个扇面，定价银币两元，比一般画家作品的价码还便宜一半，但很少有人来买。可见齐白石当时的生活多么惨淡！但齐白石并没有沮丧，他非常勤奋地画画，后来因为著名画家徐悲鸿的提携，他的画逐渐被世人认可。

　　晚年的齐白石坚持每天早睡早起，天还没亮就起床，先是去自家的菜园子里，为葡萄、丝瓜、花生等瓜果除草、施肥，早饭后就开始作画。午睡一个小时后继续作画，一幅画一般画一个小时左右。傍晚时常常一个人坐在房前树下，一边拉二胡，一边低声地哼唱。

　　他在作画之余，还有锻炼身体的习惯。他的画室里便备有一副哑铃，经常拎起来练几下，以此来锻炼自己的臂力和腕力。

　　齐白石勤奋努力，处事坦然，不大喜大悲，始终保持着豁达乐观的人生态度，正因如此，他晚年才在绘画上获得了辉煌的成就。

【 zhàng yì zhí yán 】

仗义执言

为了正义说公道话。

你知道吗？

"仗义执言"是个对称结构的成语，"义"和"言"都是名词，分别表示正义和言论；"仗"是个动词，表示凭借。看到这儿，聪明的小朋友一定能猜到这里的"执"也是个动词，和"仗"相对称，表示坚持。

举个例子

法国的文艺家，这样的仗义执言的举动是常有的。

鲁迅《南腔北调集·又论"第三种人"》

韩愈仗义执言

韩愈是唐朝大文豪，宋代苏轼称他"文起八代之衰"，明人推他为"唐宋八大家"之首。

韩愈幼时生活坎坷，经历了很多磨难，为人很有正义感。后来，他在朝中当了大官，但他仗义执言的个性却没有改变。

和他同时代的诗人李贺是个很有才华的人，但因为他父亲叫晋肃，"晋"与"进"同音，所以要避讳，不能参加进士考试。避讳是中国封建社会特有的现象，对于君主和尊长的名字，必须避免直接说出或写出。但是因为父亲的名字，而不能参加考试，这实在有些荒唐。

韩愈很赞赏李贺的才华，便写信劝李贺参加考试，但有很多人提出了反对意见。于是，韩愈便写了《讳辩》为李贺辩白。他说："父亲的名字叫晋肃，儿子就不能参加进士考试，假如父亲名仁，儿子就不能做人了吗？"韩愈引经据典，对腐朽的社会风气进行了激烈的抨击，把假卫道者的面目揭露无遗。

[biāo hàn]

彪悍

强壮而勇猛；强悍。

你知道吗？

"彪"是"虎"上多三撇，我们老祖宗造字时用"彡"表示毛发和花纹，"彪"的本义是老虎身上闪耀的斑纹。民间有一句谚语："虎生三子，必有一彪。"比喻众多子女之中，一定有一个超群出众的人。"彪"可不是普通的小老虎，它的身上布满美丽的花纹，性子最为凶悍，力大矫捷。这个字用在人身上，就说明此人身形高大，体格强壮，如"彪形大汉"。后来"彪"借指文采，如"彪炳"。

举个例子

彪悍的人生不需要解释。

网络用语

岳飞精忠报国

岳飞是南宋时期的大英雄。他少时勤奋好学，练就了一身好武艺。在金兵大举入侵南宋时，岳飞离家参军。临走前，岳母在他的脊背上刺了"精忠报国"四个字，让他铭记国仇家恨，保家卫国。岳飞英勇作战，立功无数，还组建了一支纪律严明的抗金军队"岳家军"。

岳飞率领岳家军屡次大破金兵，收复失地，打得金兵直叹："撼山易，撼岳家军难！"眼看就要大功告成，软弱无能的宋高宗听从了奸臣秦桧的求和主张，连发十二道金牌命令岳飞退兵。岳飞孤立无援，只好挥泪班师。

回到都城临安后，岳飞就被解除了兵权。高宗向金求和，金要求先杀岳飞，才能议和。于是岳飞被秦桧以"莫须有"的罪名，杀害于大理寺狱中，年仅三十九岁。

直到宋孝宗时，岳飞的冤屈才得以昭雪，被追封为鄂王。后来人们为了纪念岳飞，修建了很多庙宇。一代英雄虽离开了人世，但永远为世人敬仰。他精忠报国的故事彪炳史册，流传千古。

博 弈

古代指下围棋，也指赌博。后比喻为谋取利益而竞争。

你知道吗？

　　篆书的"弈"字特别有意思，它写做"弈"，下面部分的"廾"是不是很像两只手啊？它表示用手来下棋呢！"弈"的本义就是围棋的意思，若作动词用的时候，它的意思则为下棋。

举个例子

　　公与宾客朋游，饮酒必极醉，投壶博弈，穷日夜，若乐而不厌者。

〔唐〕韩愈《郑公神道碑文》

汉字故事会

两少年学棋

春秋时期，鲁国有个人叫秋，他特别喜欢下围棋，是当时第一高手，因此人们又叫他弈秋。后来，人们推崇他为围棋"鼻祖"。

一年，有两个十几岁的少年来和弈秋学下棋。弈秋在庭院里布下棋局，给他们讲解。突然空中传来一阵嘎嘎的叫声，其中一个少年一跃而起，兴奋地说："一定是天鹅！"于是拿起弓箭，对准天鹅，准备把它射下来吃肉；另一个少年头也没抬，眼睛始终看着老师。这两个少年的老师都是天下第一棋手弈秋，但他们学到的本领却不同。小朋友们说一说，哪个少年的本领会更大呢？

汉字大玩家

趣味对联

宋代大文豪苏东坡与黄庭坚常在一起饮酒对弈。一次二人在松下对弈，恰有松子落在了棋盘上，于是东坡口占一联曰："＿＿＿＿＿＿＿＿＿＿＿＿。"黄庭坚一抬头，看见对面湖畔有一渔夫在柳下垂钓，便曰："柳边垂钓，柳丝常伴钓丝悬。"小朋友们，你们能根据黄庭坚对的下联，试着写一写苏东坡出的上联吗？

[cuān wán zi]

氽丸子

一种烹饪丸子的方法，把丸子放在沸水里稍微一煮。
氽，方言，也是北方人家里常用的一种烧水工具。

你知道吗？

　　"氽"和"汆"是孪生兄弟，不仔细看还真分辨不出来。"氽"
上面是"入"，烹饪方法是"过水"；"汆（tǔn）"上面是"人"，
漂浮的意思，烹饪方法是"过油"，如汆油条、油汆花生米。

　　如果用高汤煮丸子，而不用油煎，煮得白白嫩嫩的，加上
一些黄瓜片或是小白菜心，也很可口，是为氽丸子。

梁实秋《炸丸子》

41

籴丸子的来历

相传秦始皇非常爱吃鱼，但是又很怕被鱼刺所伤。但凡被鱼骨刺到，当日的厨师就得处死。因此，每个上任的御厨都是谈鱼色变。

有一次，邻国给秦始皇进贡了一条珍稀的鱼。御厨们唯恐惹来杀身之祸，对秦始皇说："这鱼很罕见，我们不会做。"秦始皇就命人贴出皇榜：能烧此鱼者，赏金一百两！一个不知情的打鱼人经过，当即揭榜。到了御膳房，他才发现，那真是罕见的鱼，并且知晓为皇帝烧鱼是一件要掉脑袋的活儿。可皇榜在手，苦于无奈，他气急败坏地用刀背把割下来的鱼肉捶得稀烂，以此泄愤。

正巧，此时传令上膳。打鱼人慌乱中将手中的肉泥挤出圆形的粒状丢入锅中的沸水，稍微煮了一下即盛出献给皇上。秦始皇看了一眼，问："我的贡鱼哪里去了？"打鱼人想好了计策，便不慌不忙地答道："这便是贡鱼烧的菜，九粒是'九五之尊'的意思。"秦始皇听了龙颜大悦，因为碗里是九粒圆点，所以赐名为"丸"。这就是民间传说中"籴丸子"的来历。

搭讪

为了接近某人或者敷衍尴尬的局面而主动找话说。

你知道吗？

"讪"这个字原本的意思是毁谤，用言语互相嘲讽；还引申为不好意思、难为情的样子，例如：搭讪。与陌生人之间的第一次交流总是令人心存紧张，有些难为情。"搭讪"这个词不仅说明了套近乎的做法，也表达出了套近乎时人们内心的想法。

举个例子

和老父亲搭讪了几句，天佑到自己屋里看看老伴儿。

老舍《四世同堂》

汉字大闯关
43

biáng biáng 面的传说

　　陕西的 biáng biáng 面是关中的特色风味面食，因制作过程中有"biáng biáng"的声音而得名。关于 biáng biáng 面，还有一个有趣的传说。

　　古时，一位怀才不遇、贫困潦倒的秀才来到咸阳。他路过一家面馆时，饥肠辘辘，进去点了一碗面吃。秀才一边吃着面，一边和店主搭讪："您这家店怎么不挂个招牌？"店主说："我这 biáng biáng 面店早就想挂个招牌了，只是这个字没人能写出来啊！"

　　不一会儿，秀才吃完了面，却发现自己早已身无分文，顿时窘住。他一思量，对店主说："我今天没带钱，可以写出'biángbiáng'二字，来换这碗面吗？"店主同意了秀才的建议，备好笔墨纸砚。秀才想起自己一路的艰辛，于是提起笔一面写，一面念念有词："一点飞上天，黄河两边弯；八字大张口，言字往里走；左一扭，右一扭，西一长，东一长，中间夹个马大王；心字底，月字旁，留个勾勾挂麻糖，推着车车进咸阳（𰻞）。"一个字，写尽了关中地区的山川地理、世态炎凉。

　　秀才写完后，面店里响起了一阵喝彩声。从此，"biáng biáng 面"名震关中。今天，小朋友们到陕西旅游，就会经常看到这个"𰻞"字。

倒打一耙

自己做得不好，却不接受对方的意见，反而指责对方的做法。

你知道吗？

"耙"的形旁是"耒（lěi）"。耒是一种翻土用的农具。上有曲柄，下面是犁头。所以，带有"耒"这一形旁的字，大多与原始农具或耕作有关，除了"耙"字以外，还有耕、耘等。

举个例子

我方才这一阵闹，敢是闹的有些孟浪，然虽如此，我输了理可不输气，输了气也不输嘴。且翻打他一耙，倒问他！

〔清〕文康《儿女英雄传》

孙悟空蒙冤记

孙悟空的七十二般变化神通广大，取经路上他降妖除魔，立下汗马功劳。但是，这招来了猪八戒的嫉妒。

有一天，唐僧师徒四人路过白虎岭。在白虎岭内，住着一个白骨精。为了吃唐僧肉，白骨精先后变幻为村姑、老妇人，全被孙悟空的火眼金睛识破了。但唐僧肉眼凡胎，不认得妖精，反而责怪孙悟空行凶杀人。第三次，白骨精变成白发老公公，悟空认得又是那妖怪，就抡起金箍棒，一棒打死了妖精。

那唐僧在马上吓得战战兢兢，八戒在旁边笑道："这猴子走了半天路，打死三个人！"唐僧越发生气，就要念紧箍咒。悟空叫道："师父，莫念！你且来看看他的模样。"却是一堆骷髅在那里。唐僧大惊："悟空，这个人才死了，怎么就化作一堆骷髅？"悟空道："他是个白骨精，被我打杀，现了本相。"唐僧听说就信了，可八戒却在旁边挑拨道："师父，猴子把人打死，只怕你念咒，故意变化这个模样，掩你的眼目哩！"

听了猪八戒这番话后，唐僧不停地念紧箍咒。可怜孙悟空就这样被猪八戒倒打一耙，最后被唐僧赶走了。

【 hàn xiàn 】

汗 腺

哺乳动物皮肤分泌汗液的腺体。对人类而言，汗腺遍布全身皮肤，其中以手掌和足底部最多。

你知道吗？

"腺"是生物体内能分泌某些化学物质的组织。这样的器官在我们身体内还不少呢！分泌眼泪的器官叫泪腺，分泌唾液的器官叫唾液腺，分泌肾上腺素的器官叫肾上腺。

除了人和动物，植物也有腺，比如花朵中分泌花蜜的器官叫蜜腺，花生、油菜等植物中分泌油脂的器官叫油腺。

举个例子

汤（shāng）汤一条大江，那是草原的泪花，大山的汗腺，在此凝结。

周斌《黑龙江源头》

有趣的汉字王国⑤　汉字风云会

46

汗腺小科普

汗腺具有排泄废物、分泌汗液以及调节体温的作用。人类的汗腺遍布全身皮肤，因此人类全身皮肤都有散热的功能，但动物的汗腺分布就和人类大不相同了。

牛在劳作后，身体大部分是无汗的，只有趾间的皮肤和口、鼻处会有少量汗流出，说明这些部位有汗腺分布，但并不足以散去牛多余的热量。因此，在闷热的天气里，牛总是呼呼喘气，那便是在散除体热。水牛是牛类中最怕热的，在炎热的中午，水牛就会全身浸泡在水里，以此来散热。

狗身体里的汗腺并不是非常发达，它们不能像人一样通过出汗来调节体温，只能靠呼吸排出体内多余的热量。所以，天气一热，狗就趴在地上，张大嘴巴、伸出舌头喘气，直接将体热传走。

河马的皮肤上没有汗腺，却有其他腺体，能够分泌一种类似防晒乳的红色黏液，黏液干燥后，就像一块遮阳板一样，保护它们敏感的皮肤免受日光的伤害，又能起到隔热的作用。

胡诌

随口瞎编。

你知道吗？

我们平常看到的"月"旁字，大部分与身体各部位有关，比如肝、背、胃、脑等。那么"胡"为什么也是"月"字旁呢？原来"胡"的本义指野兽脖子下的垂肉，后也指任意乱来。

举个例子

你别信他们胡诌！没有的事！

〔清〕刘鹗《老残游记》

汉字风云会
有趣的汉字王国⑤

爱胡诌的季孙

49

　　艾子在齐国的时候，在孟尝君手下做事，孟尝君待他非常好。后来艾子从齐国返回鲁国，遇到了季孙。

　　季孙说："您在齐国住了这么久，您觉得齐国的贤者是谁？"艾子说："没有人比得上孟尝君。"季孙说："他有什么德行而被称为贤者？"艾子说："孟尝君有食客三千，他供给他们食宿没有怨言，如果他没有德行能够这样吗？"季孙说："嘻嘻，先生看低我吗？三千食客我家也有，难道只有孟尝君一人有吗？"艾子听了不由得肃然起敬，说："原来您是鲁国的贤者，明天我登门造访，请让我看看您的三千门客。"季孙说："好。"

　　第二天一大早，艾子就来到季孙家，发现他家里很安静，空无一人。艾子等了很久，季孙才出来见客。艾子问他门客在哪里，季孙很失望地说："您来得太晚了，三千门客各自回家吃饭去了。"季孙说的根本就是瞎话，他不知道人家艾子早就到他家了。不过，对于这种打肿脸充胖子的人，艾子不想戳穿他，就笑着离开了。

【 jī máo dǎn zi 】

鸡毛掸子

一种用鸡毛绑成的，用来掸去器物上灰尘的卫生工具。

你知道吗？

　　"掸"字的本义是用鸡毛或布条绑成的除尘用具，如：掸子。后来引申为用掸子轻轻拂打或抽的动作，如：掸尘。在春节来临之际，家家户户都会进行一次"掸尘"活动，将家里打扫一番，以便干干净净地过新年。因此，"掸尘"又被赋予了辞旧迎新的意味。

举个例子

　　王熙凤打理家务的时候，又吩咐按数发与茶叶、油烛、鸡毛掸子、笤帚等物。

〔清〕曹雪芹《红楼梦》

从鸡毛掸子到扫帚

据说，鸡毛掸子是我国古代一个叫少康的人发明的。

有一天，少康外出游玩，偶遇一只受伤的野鸡。只见这只野鸡拖着身子慢慢地向前爬，它爬过之处的地面干净了许多。看到这个场景，少康心想：这一定是鸡毛的作用吧！

于是，他抓来几只野鸡，拔下了野鸡的毛，将这些毛捆在一起，制成了第一把鸡毛掸子。但是在后来的使用过程中，少康发现由于鸡毛太软，又不耐磨损，这鸡毛掸子根本就不耐用。

少康想：能不能用其他材料来替代鸡毛，做成更加经久耐用的工具呢？就在这个时候，他看到了地上的竹条和干草。他突发奇想，把鸡毛换成了竹条和草，把掸子改制成了我们现在常说的扫帚。

随着科技的发展，鸡毛掸子已经逐渐消失了，扫帚的材质也在不断地变化。现在我们还能看到用各种材质做的扫帚，如高粱扫帚、塑料扫帚等。

[jiǎo jiǎo zhě]

佼佼者

指平常人中比较突出的。

你知道吗？

"佼"的右边是个"交"。"交"甲骨文写成""，像人两腿交叉的形状，意为交叉。古人认为人与人有着关系的交叉就叫交往。"佼"同"交"，因此本义也是与人交往。古人交往注重德行，喜欢与德才出众或能力超群的人交往，所以"佼"引申为超出一般的意思，比如：佼佼者。

举个例子

他是学校足球队里的佼佼者。

佚名

赤眉军投降

东汉初年，光武帝刘秀率军打败了赤眉军。当时赤眉军疲惫不堪，饥寒交迫，首领樊崇就派刘恭觐见刘秀，请求投降。刘恭对刘秀说："樊崇和刘盆子（赤眉军立的傀儡皇帝）率众归降陛下，陛下将如何处置我们？"刘秀说："我会饶你们不死。"樊崇得知不会被杀头，就带着刘盆子、徐宣、逢安等三十多人赤裸着上身赶到汉军营地中跪下投降。刘秀说到做到，不但没有杀赤眉军，还赐给他们食物，让他们饱餐一顿。

第二天一早，刘秀在洛水岸边把自己的军队集合起来，令樊崇等人列队观看，并对樊崇一行人说："是不是后悔投降？如果后悔了，我现在就放你们回营去，你们可以再率领军队一决胜负，如何？"樊崇听完，没有答话。徐宣赶紧向刘秀叩头说："今天的归降，如同脱离虎口，投入慈母的怀抱，真是非常开心，哪有什么怨恨呢？"刘秀听徐宣这样回答，高兴起来，对徐宣说："你算得上庸人中的佼佼者了。"

这一年夏天，樊崇、逢安等人不安于投降，率领部分赤眉军谋反，后来被刘秀派兵镇压，樊崇、逢安也以谋反罪被斩首了。

[kào láo]

犒劳

用酒食等慰劳。

你知道吗？

54

"犒"是"牛"字旁。在古代，牛是六种家畜之一。军队打胜仗了，有重要庆典活动了，常常宰杀牛羊来慰劳、庆贺。所以"犒"的本义就是用牛、酒来宴请军士，引申为慰劳、酬劳。

举 个 例 子

他说他们路上辛苦，叫小伙房做几个客菜犒劳他们。

峻青《海啸》

武帝论功行赏

　　汉武帝时期，北方的匈奴很不安分，常常骚扰边疆地区，汉武帝决定派大将军卫青出征讨伐匈奴。

　　卫青统帅六师，浩浩荡荡地向北方出发，一同前往的还有他的外甥霍去病。大军来到塞外，刚好与匈奴军队相遇，当即迎头痛击，斩首好几千。不久大军直入匈奴境内，攻破好几处堡垒。将士们信心百倍，越战越勇，于是分道继续前进。不久诸位将军纷纷回营报告战况，唯独前将军赵信，右将军苏建和霍去病不见回营。卫青怕他们遇到麻烦，就派人前去救应。哪知过了一天一夜仍然不见返回，急得卫青坐立不安。

　　正在焦急等待之时，只见苏建踉踉跄跄地跑回军营，哭着向卫青请罪。原来，苏建与赵信一同深入敌境，被匈奴兵围攻，战士伤亡过半，赵信投降匈奴，苏建寡不敌众，只能抛下部下独自一人拼死逃出。过了一阵，霍去病终于返回，他提着一颗血淋淋的首级，入营报功。原来霍去病率领八百壮士深入敌方，一直没见到匈奴兵，又走了好几百里，才望见匈奴的大本营，趁其不备，驰杀过去。匈奴兵毫无防备，被杀得措手不及。

　　后来，卫青班师回朝，因他部下苏建和赵信两支军队损失严重，汉武帝没有封赏他，只用了千金犒劳他；霍去病因战绩过人，授封为冠军侯。

款 曲

殷勤应酬，殷勤的心意。

你知道吗？

　　"曲"这个字，最开始的样子是""，就是一把曲尺的样子。它的本义是弯曲，和"直"是反义词，如：是非曲直。"曲"有两个读音，款曲、曲直中的"曲"读成 qū，戏曲、曲子的"曲"读成 qǔ。

举个例子

　　念当远别离，思念叙款曲。

〔汉〕秦嘉《留郡赠妇诗》

坚守大义的赵俨

三国时期，魏国有一位名臣叫赵俨，他从小熟读经史，养成了敏锐的观察分析能力。

公元 200 年，曹操和袁绍在官渡展开了一场大决战。此时的袁绍军队庞大，有十万精兵；而曹操只有三万军队，处于劣势。所以，许多人写信给袁绍，互通款曲，表示支持他。

曹操的部下李通也想派遣使者去袁绍那里示好，便来咨询赵俨。赵俨分析了作战双方的实力和优劣条件，认定此战袁绍必败，曹操必胜。于是，他对李通说："袁绍一定会失败，而且，现在是战争关键时期，我们更应该站在曹操这边才是。"李通这才放弃了原来的想法。后来，袁绍派使者来招降李通，李通也没有答应。

不仅如此，赵俨还让李通安抚阳安郡的老百姓，不向他们征税，稳定了民心，使得老百姓坚定地站在曹操这边。赵俨协助李通率领阳安郡军民，平息了流窜在淮河与汝河之间的敌人，使阳安郡成为保护许昌的坚固堡垒，免去了曹操的后顾之忧。

后来，曹操真的打败了袁绍。他派人搜查袁绍的军营，搜到了许多自己部下写给袁绍的书信，唯独不见李通的书信，于是说："这一定是赵俨的功劳啊。"

领 衔

在共同签署的文件上署名在最前面，泛指排名在第一位。

你知道吗？

"领"是"页"字旁。"页"甲骨文写做" "，像一个人顶着大大脑袋跪在地上，表示人的头部。所以，"领"也与头有关，它的本义指脖子。例如成语"引领而望"，指伸长脖子远远眺望。因为衣服的领子和脖子关系密切，所以引申为衣领。衣领是衣服的最高处，进而引申出引导、带头的意思，比如：率领、领导、领头。

举个例子

十几位著名的地方绅士也发出吁请张军长早日入城"主持省政"的通电，领衔的人便是冯乐山。

巴金《家》

商鞅立木取信

商鞅是战国时期著名的改革家。当时，秦国的大王励精图治，得知商鞅的才能后，便任命商鞅为左庶长，主持秦国的变法。

商鞅领衔起草了一个改革的法案，但是担心老百姓不信任他，不遵守新法，便想出一个办法。商鞅让人在都城的南门竖起一根三丈高的大木头，并下令说："谁能把这根木头扛到北门去，赏金十两。"消息一出，大家纷纷涌向南门。

有人说："这根木头谁都扛得动，哪儿用得着十两赏金？"

还有人说："哪会有这么便宜的事，肯定是耍人的。"

围观的人越来越多，就是没有上去扛木头的。商鞅知道老百姓的心思，便把赏金提到了五十两。就在人们更加疑惑之际，突然，人群中跑出一个小伙子，撸起袖子，扛起木头就走，一直搬到北门。小伙子把木头扛到北门后，商鞅立即派人送给他五十两黄金，围观的群众个个目瞪口呆，连连惊叹："原来是真的呀！"

接着，商鞅便公布新法，并郑重地宣布："新法即日起正式施行，凡是按新法办事的有赏，若有违背新法的定斩不饶！"

商鞅凭借这件小事，赢得了百姓的信任，促进了新法的顺利施行。

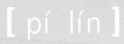

[pí lín]

毗邻

相连接。

你知道吗？

　　"毗"和"邻"意思相近，都有"与……连接"的意思。"邻"的本义是古代一种居民组织，五家为邻。后来引申为相连接的家户，比如相连接的人家叫"邻居"，相连接的国家叫"邻国"。

举个例子

　　地理上和我们新疆毗邻，历史上和我们有过密切的关系。

　　　　　　　　　　郭沫若《集外·出了笼的飞鸟》

汉字故事会

香港，璀璨的明珠

　　小朋友们，你们去过国际著名的大都市——香港吗？它毗邻广东省，是一个著名的港口，世界各地的商人都乐意来这里做生意。因此，香港的市场是一个"万国市场"。来自近两百个国家和地区的商品聚集在这里，琳琅满目，应有尽有，而且物美价廉。

　　在香港，人们能够品尝到世界各地的美食。内地的粤菜、川菜，德国、法国、意大利等国的佳肴，东南亚各地的饮食一应俱全，游客们可以大饱口福。所以，人们又把香港称做"美食天堂"。

　　香港还是一个旅游胜地。小朋友们最爱去的除了举世闻名的海洋公园，还有梦幻的迪士尼乐园，在那里可以近距离接触全明星阵容的迪士尼卡通人物。每当夜幕降临的时候，香港就成了灯的海洋。你可以去维多利亚港看看，那里的夜景非常美。由于香港岛和九龙半岛高楼大厦密布，入夜后万家灯火，相互辉映，因而香港的夜景与日本函馆和意大利那不勒斯并称为"世界三大夜景"。

　　白天的香港，热闹、繁华；夜晚的香港，美丽、温馨。香港，真是一颗璀璨无比的"东方之珠"。

蜷缩

身体蜷曲着缩成一团。

你知道吗？

　　"蜷"的形旁是"虫"。"虫"字的甲骨文写成""，头向上昂着，长长的身子弯曲着，像不像一条爬行的蛇呢？其实，"虫"最早就是指蛇，现在我国北方地区还常常把蛇称做长虫，后来"虫"才泛指虫类。

举个例子

　　他躺在没有席的土炕上，铺着一张狗皮，盖着一件草蓑衣，紧紧地蜷缩在一起。

峻青《黎明的河边》

汉字故事会

茅屋为秋风所破歌

公元761年的春天，贫困的杜甫四处求亲告友，终于在成都浣花溪边盖起了一座茅屋，一家人住了下来。

深秋的一天，突然狂风大作，把杜甫茅屋顶上的茅草卷走了好几层。茅草乱飞，飞过浣花溪，散落到对岸。一群顽皮的孩子毫无顾忌地当着杜甫的面，抱着茅草跑进竹林去了。杜甫喊得口干舌燥也喝止不住，只好拄着拐杖，独自叹息。

一会儿风停了，天空中的乌云像泼墨一般，天也渐渐黑下来了。杜甫回到家，看到盖了多年的被子又冷又硬，像铁板似的，孩子们冻得蜷缩成一团。这时，大雨倾盆而下，房顶的雨水像麻线一样不停地往下漏，屋内连一块干燥的地方都没有了。

自安史之乱后，杜甫就很难入眠，如今看到这样破败凄惨的景象，更是毫无睡意，他不禁想：如果有千万间宽敞坚固的房子，让天下的读书人能居有定所，即使我的茅屋被秋风吹破，自己受冻而死也心甘情愿啊！

第二天天一亮，杜甫就把这段真实的经历写成了《茅屋为秋风所破歌》。人们为他忧国忧民的情感动容，传诵至今。

[rù zhuì]

入赘

男子到女家结婚并成为女家的家庭成员。

你知道吗?

　　"赘"的本义是用物品换钱,所以是"贝"字旁(和金钱相关)。在食物紧缺的时候,一个馒头可以抵一个金耳环;但当情况正常时,抵押物的价值就下降。如得到了救援物资后,馒头对于拥有金耳环的人而言,就是多余的东西,是"累赘"。因此,"赘"还有一个意思是多余的、无用的。

举个例子

　　他也曾离开过这里,挟着一个小包卷去入赘在老婆的家中,那时他才二十岁。

丁玲《夜》

不鸣则已，一鸣惊人

战国时期，有个君主叫齐威王。他继位以后沉湎酒色，不理朝政，因此，国家越来越贫穷，官吏们贪污失职，各国诸侯也趁机来犯，齐国濒临灭亡。一些爱国人士忧心忡忡，但因畏惧齐威王，不敢劝谏。

淳于髡（kūn）是齐国的一个入赘女婿。他能言善辩，屡次出使诸侯各国，从未受过屈辱。一天，淳于髡见到了齐威王，对他说："大王，我有一个谜语想请您猜猜——某国有只大鸟，住在宫廷中已整整三年，可是它既不振翅飞翔，也不鸣叫，只是毫无目的地蜷伏着。您猜，这是一只什么鸟呢？"

齐威王是一个聪明人，一听就知道淳于髡是在讽刺自己身为一国之尊却毫无作为，只知道享乐。于是，他毅然决定改过，做一番轰轰烈烈的事业。因此，他说："这只鸟不飞则已，一飞就直冲云霄；不叫则已，一叫就使人惊异。你等着瞧吧！"

从此，齐威王不再饮酒作乐，他召见全国的官吏，尽忠负责的给予奖励，而那些腐败无能的则加以惩罚。全国上下很快就振作起来了。

[tán xiāng]

檀香

香木的名字，可制器物，也可提取药物或香料。

你知道吗？

"香"是一个会意字，本义是指气味芬芳或味美。古字写成""，由"黍"（shǔ）和"甘"组成。"黍"是指现在的黄米，煮熟后有黏性，可以酿酒、做糕等。我国古代有五谷之说，分别是麻、黍、稷（jì）、麦、菽（shū），这五种植物是我国最早用于耕作的农作物。"甘"则表示味道甘甜。在古代，民以食为天，人们最重要的事就是填饱肚子，所以将由谷物所散发的怡人气味，以及尝起来甘甜美好的味道称之为"香"。

举个例子

皮实而色黄者为黄檀，皮洁而色白者为白檀，皮腐而色紫者为紫檀。

〔明〕李时珍《本草纲目·木一·檀香》

黄 金 之 树

　　檀香树是一种檀香科常绿乔木，原产印度、澳大利亚和非洲，我国台湾、广东也有引种栽培。

　　檀香树是一种半寄生植物，非常娇贵，在幼苗期必须寄生在凤凰树、红豆树、相思树等植物上才能成活，而且它生长极其缓慢，通常要数十年才能成材，是生长最慢的树种之一。因此，檀香的产量很受限制。

　　檀香是从檀香树中提取出来的，自古以来便深受人们欢迎，从印度到埃及、希腊、罗马的贸易路线上，常见篷车载满着檀香。许多古代的庙宇或家具是由檀香木所做，是因为檀香具有防蚁的功能。檀香独特的香味还具有安神的作用，因此用檀香制作的香料也十分受欢迎。

　　檀香除了用于制作家具、香料之外，檀香木雕刻出来的工艺品更是珍贵无比，家中摆放很久香气也不会散去。檀香木放在橱柜之中还有熏衣的作用，使你的衣物带有淡淡的天然香味。正是由于檀香产量有限，又具有极大的价值，因此，檀香树被称为"黄金之树"。

[tú dú]

荼是一种苦菜，毒指毒虫毒蛇之类，借指毒害。

你知道吗？

　　"荼"和"茶"这两个字，不仅外表相似，容易混淆，它们之间还存在历史渊源呢！在唐朝以前并没有"茶"这个字，"荼"和"茶"是一体的。可是，随着时代的进步，人们慢慢地发现，"荼"是一种苦菜，而"茶"则代表木本植物。到了唐代中期，陆羽的《茶经》刊印之后，"茶"字便广泛流行起来。

举个例子

秦皇荼毒，祸流四海。

〔三国〕嵇康《大师箴》

羊续挂鱼

汉灵帝中平三年（186年），南阳官吏贪污腐败，荼毒百姓，人民流离失所，苦不堪言。为人刚正清廉的羊续被任命为南阳太守，他的到来给当地带来了一股清流。

为了尽快掌握当地的真实情况，羊续穿着粗布麻衣，只带着一名小书童，乔装进入了南阳地界。一路上他边观察边询问，早已把官吏胡作非为的恶劣事迹摸得清清楚楚。因此，当羊续突然出现在南阳府衙时，当地官吏们无不震惊与害怕。

上任后，羊续带头躬行节俭。一天，一位老府丞笑嘻嘻地给羊续送来了一条大活鱼。没想到，羊续什么话都没说便收下了。老府丞暗暗得意："羊续啊羊续，今日你收了我的大鱼，明日就会拿肉，后天就会收钱啦！"于是，几天后，他又给羊续送来一条更大的鱼。羊续对他招招手，指着

屋檐上挂着的那条前些天送来的鱼，严厉地说："你不要再来送东西了，你上次送的鱼我还一直挂在这里没有动，就是为了警示那些要来送钱送礼的人！"

从此以后，当地官吏们再也不敢贪赃枉法，欺负老百姓了。

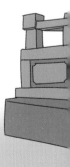

戏谑

用有趣的、引人发笑的话开玩笑。

你知道吗？

"谑"的本义就是尽兴地游乐、开玩笑，所以很多"谑"字开头的词语都与开玩笑、调侃有关。例如，调笑戏弄叫"谑戏"，开玩笑的话叫"谑词"。

当然，玩笑开过了头可就不好了。因此，我们要"谑而不虐"，就是说我们在开玩笑的时候要把握分寸，不至于使人难堪。

举个例子

"追随你到世界的尽头"，你固执地这样说着吗？你在戏谑吧！你去追平原的天风吧！

戴望舒《林下的小语》

六 斤 半

　　杨素是隋朝的开国功臣，还是军事家、诗人。

　　有一天，有一个姓出名六斤的人来参拜杨素。他拿着拜帖来到官署门前，遇见了侯白，于是便请侯白为自己在拜帖上题写名字。这个侯白平时就是个性格诙谐滑稽、喜欢戏谑的人，他在拜帖上写上了"六斤半"三个字。

　　拜帖递进去后，杨素看见这个名字，感到非常好奇，就召见来人，问道："你叫六斤半吗？"那人回答："我叫出六斤。"杨素又问："那为什么写成'六斤半'呢？"那人解释说："刚才看见侯秀才，就请他题写姓名，恐怕是写错了。"

　　杨素马上把侯白叫来，问他："人家明明叫出六斤，你为什么写成了'六斤半'呢？"侯白回答说："刚才正忙得很，一时半会儿又找不到秤来称。既然他说是出六斤，我想大概是六斤半吧！"

　　杨素听了，不禁哈哈大笑。

[xiū nǎn]

羞赧

指因害臊而脸红的样子。

汉字风云会
有趣的汉字王国⑸

你知道吗？

"羞"的甲骨文写成""，是一只手举着一只羊的样子，表示进献。后来引申为精美的食品，如珍馐（古时候"馐"和"羞"是相通的）。也有害臊、难为情的意思，如害羞、羞涩。

举个例子

此刻那青年仿佛有些羞赧，低着头悄悄看书。

罗广斌　杨益言《红岩》

狄仁杰赌袍

狄仁杰是唐朝著名的政治家，他为人十分正直，即使皇帝做了错事，他也会当面纠正。

武则天当皇帝时，南海郡进献给她一件非常珍贵的皮袍子——集翠裘。武则天把它赏赐给了自己最喜欢的侍者张昌宗，还让他穿上，两人一起玩双陆棋游戏。这时，狄仁杰正好进来禀报事情，武则天就让他和张昌宗下棋。

狄仁杰说："我和他采用三局两胜制，赌他身上穿的这件皮袍子。"武则天问："你用什么来赌呢？"狄仁杰说用自己穿的紫袍来做赌注。武则天笑道："他这件皮袍价钱超过千金，你这件紫袍可比不上。"狄仁杰严肃地说："我这件紫袍，是大臣朝见皇帝时穿的服饰；而张昌宗穿的这件，只不过是因为宠幸得到的赏赐。两件相比，我还不服气呢！"武则天只好答应。而一旁的张昌宗感到羞赧沮丧，气势也被压倒了，他连连输了两局，最后把集翠裘输给了狄仁杰。

狄仁杰出宫后，就把集翠裘送给了一个家奴，以此表明自己并不在意皮袍子，而是不希望武则天太过宠幸张昌宗。

引人发笑的话或举动；花招儿；滑稽。

你知道吗？

"噱"本义是笑。生活中，"噱头"无处不在：某导演为了宣传新片举行首映礼；综艺节目要提前设计具有争议性或比较刺激的节目片段吸引关注；商家打折促销，以最大的让利为噱头……这些都是制造卖点或看点的行为。

举个例子

这不是人们在欣赏戏剧时获得了美感，或者被舞台上人物的噱头激发出来的笑声，而是由于大家发觉了事理上的裂缝。

秦牧《艺海拾贝·细节》

汉字故事会

杨国忠选官

唐玄宗的宠妃杨玉环有个哥哥，名叫杨国忠，他早年劣迹斑斑，一事无成。不料后来他倚靠杨玉环的得宠，被唐玄宗提拔至宰相的高位，权倾朝野。

那时，唐朝政府选拔官员有一系列程序，整套程序走下来，基本就从春天选到夏天了。而杨国忠当宰相之后，觉得这样效率太低，就把这套繁琐而不能任意胡干的制度扔在一旁，另搞一套。

天宝十三年（754年）春天，朝廷选官，有一个环节是在尚书省进行。杨国忠让那些吏部官员们一边凉快去，自己召集几个亲信拟了任职名单，然后说："这次不到尚书省去了，选官就在我家进行吧！"杨家姐妹们坐在杨国忠的客厅里，拉上帘子，她们就在帘子的后头。为了造个大噱头快活快活，杨国忠呼唤官员候选人到厅堂集中，让候选人一个一个走到帘子前。

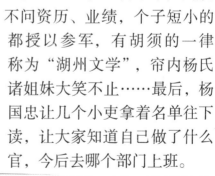

不问资历、业绩，个子短小的都授以参军，有胡须的一律称为"湖州文学"，帘内杨氏诸姐妹大笑不止……最后，杨国忠让几个小吏拿着名单往下读，让大家知道自己做了什么官，今后去哪个部门上班。

不到一天，选官就结束了。杨国忠身为宰相，却把官员选举当成儿戏，真是荒唐极了。

【 yī bō 】

衣钵

原指佛教中师父传授给徒弟的袈裟和钵，后泛指传授下来的思想、学问、技能等。

你知道吗？

甲骨文中"衣"写做"⟨image⟩"，从字形来看，最上端是衣领，两边开口的地方是袖子，最下面就是衣服下摆。聪明的你一定发现了，这真像古人穿的上衣呀！是的，"衣"本义就是带大襟的上装。古人将上衣称做衣，下衣称做裳（cháng）。后来，人们才把身上穿的各种服装统称为衣裳。

举个例子

满堂僧众大喊起来，都去柜子中取了衣钵要走。

〔明〕施耐庵《水浒传》

曾子杀猪

曾子，名参（shēn），是孔子72个弟子之一。他继承了孔子的衣钵，是儒家学派代表人物，被后世尊为"宗圣"。

曾子为人处世最讲忠信，深得孔子赞赏。有一次，曾子的妻子要去市场，他们的儿子还小，拉着母亲的衣襟哭，不让母亲离开。曾子的妻子对孩子说："你好好在家里待着，我回来给你杀猪吃肉。"过了不久，曾子的妻子从市场上回来了，曾

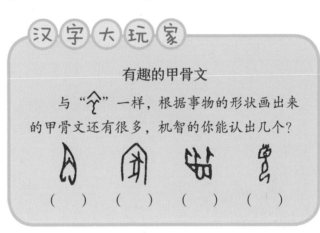

汉字大玩家

有趣的甲骨文

与"☖"一样，根据事物的形状画出来的甲骨文还有很多，机智的你能认出几个？

（　）　（　）　（　）　（　）

子就准备好刀子，然后抓猪，准备杀了吃。他的妻子说："我刚才是和孩子开玩笑呢，你不要当真。"曾子严肃地说："婴儿也是有智慧的，他要学父母的样子，聆听父母的教导。你欺骗他，就是教他欺骗别人呢，以后他也不会信任你。"

曾子说完，不顾目瞪口呆的妻子，就把猪杀了，给儿子烹制猪肉吃。

荫庇

大树枝叶遮蔽阳光，宜于人们休息。比喻尊长照顾晚辈或祖宗保佑子孙。

你知道吗？

　　"庇"是"广"字头，"广"甲骨文写做""，你看像不像依着山崖建的房屋？"广"字头的字大多和建筑有关，比如：庙、库、店、庭、廊，等等。"庇"本义是人在敞亮的屋子里遮阳蔽日、躲避风雨，后来引申为保护、保佑。

举个例子

　　那是因为他曾经受过小袁父亲的荫庇。

沙汀《磁力》

范 进 中 举

　　范进是穷腐秀才，家里一贫如洗，54 岁时好不容易才考上秀才。他想去参加乡试，可是没有盘缠，于是向老丈人胡屠夫借。胡屠夫非但不借，还把他骂了个狗血淋头。

　　范进忍气吞声，偷偷地参加了考试。考完回家，母亲、妻子已好几天没吃东西了，母亲饿得眼都睁不开了，范进急忙抱着家里的老母鸡到市场上卖。刚出门不久，官府就有人来报喜：范进中举了！热心的邻居连忙到市场上找他。他却以为邻居戏弄他，死活不回家。邻居没办法，只好把他拖了回去。

　　回家后，范进拿着捷报，看了又看，念了又念。村里人听说了这事，都想以后能得到范进的荫庇，纷纷前来道喜。而此时的范进却疯疯癫癫地跑到集市上，披散着头发，满脸污泥，鞋都跑掉了一只，独自拍着手，嘴里叫着："中了！中了！"

　　大家眼见范进疯了，没有办法，只好请来胡屠夫。胡屠夫凶神似地走到跟前，说："该死的畜生！你中了什么？"最后，胡屠夫壮着胆，一耳光把范进扇醒了。

　　这个范进真是又可怜又可笑。

【 zā mo 】

咂摸

仔细辨别滋味、意思等。

你知道吗？

　　"咂"是形声字，形旁是"口"，声旁是"匝"。本义是舌头与上颚接触发声，人们在表示赞叹或是羡慕的时候一般都会做出咂嘴的动作。如《红楼梦》中，来自乡下的刘姥姥看到大观园的繁华和奢侈，惊讶得不知所措，"只有点头、咂嘴、念佛而已"。

举个例子

　　钱先生闭上了眼，详细咂摸瑞宣的话的滋味。

　　　　　　　　　　　　　　　　老舍《四世同堂》

刘姥姥进荣国府

刘姥姥是《红楼梦》中非常特别的一个角色。与大富大贵的贾府众人不同，她虽出身庄户人家，言行有些粗鄙，却通晓人情事理，为人坚韧不拔，读过小说的人没有不喜欢刘姥姥的。

那年，刘姥姥家里日子艰难，只好到荣国府求助于当家的凤姐。好不容易进到凤姐的正房中，刘姥姥被眼前富丽堂皇的景象惊呆了，看着那些耀眼争光的屋内陈设，只觉得身子仿佛在云中飘浮一般，她不认得那些东西，也说不出个什么名目，只能茫然地点头、咂嘴，表示惊叹。而后，刘姥姥看到凤姐的穿着、用度、行事更是咂嘴不已。凤姐深谙人情世故，接济了刘姥姥二十两银子，这银子在荣国府只能给丫头做几件衣裳，却够庄户人家日常生活好一阵子了。

刘姥姥知恩图报，后来荣国府败落，凤姐的女儿巧姐受难，她费尽心思，将巧姐接到自己家，好生对待。

多好的刘姥姥！

汉字大玩家

下面这些词语都是"口"字旁的拟声词，读一读，你会发现嘴巴的动作真丰富，真有趣！

咂咂　啧啧　呵呵　哈哈
嘿嘿　咯咯　嘻嘻　嘎嘎

【 zhān fáng 】

毡 房

牧区人民居住的圆顶帐篷，用毡子蒙在木架上做成。

你知道吗？

"房"是形声字，"户"是形旁，表示屋子，"方"是声旁。在古代，阶级观念分明，即使是一家人，不同身份的人住的房间也会有所不同。处于正中且坐北朝南的房子叫做正房，是给一家之主居住的；旁边的房子称厢房，是给晚辈或者客人居住的。"房"现在泛指给人居住的建筑物。

举个例子

白草黄沙，毡房为住家，胡儿胡女惯能骑战马。

〔元〕施惠《幽闺记·虎狼扰乱》

白色宫殿——哈萨克族的毡房

去新疆旅游过的小朋友，还记得自己住过的草原牧民的"房子"吗？ 也许你会不假思索地说："我知道，那是蒙古包。"但是，你说得不一定正确，它也可能是毡房。

毡房和蒙古包看上去外形相似，但是如果你仔细观察，就会发现它们是有区别的：毡房比蒙古包要小巧，顶部要尖一些。相比而言，蒙古包下部是规整的圆柱形，上部是三角形。毡房的门一般向东开，蒙古包的门一般向南开。另外，蒙古包是蒙古族的住房，而毡房是哈萨克族的住房。

毡房，在哈萨克语中称做"宇"，它不仅携带方便，而且坚固耐用，居住舒适，并具有防寒、防雨、防震的特点。房内空气流通，光线充足，千百年来一直为哈萨克牧民所喜爱。由于是用白色毡子做成，毡房里又布置得十分讲究，人们称之为"白色的宫殿"。哈萨克族的毡房可谓是一件巨大的艺术品，而这件艺术品在草原到处可见。毡房内四周是挂壁，地上是花毡，各种幔帐都是刺绣艺术品，使人赏心悦目，仿佛置身于艺术殿堂。

哈萨克族毡房可谓是草原上一道独具特色的民俗景观。

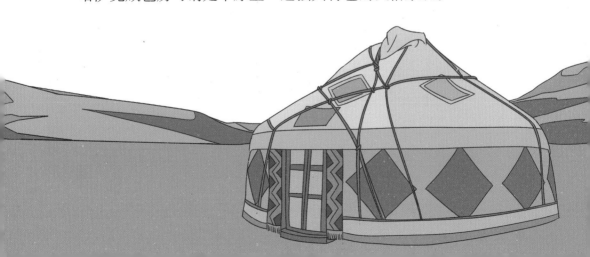

砧板

用于切菜的厚板子。

你知道吗？

　　"砧"最早指古人捶洗衣服用的一种捣衣石，所以它是"石"字旁。后来"砧"字引申出捶或者砸东西时垫在下面的器具的意思。锤打铁器时，工匠都会在下面垫一块钢板，这个就叫做砧铁；人们在河边洗衣服的时候，也会在衣物下面垫一块平整的大石头，就叫做砧石；而切菜时用的木板就叫做砧板了。

举个例子

　　我们都成了侵略者砧板上的肉。

田汉《丽人行》

鸿 门 宴

　　秦朝末年，项羽、刘邦起义，带出了两支强势的队伍。二人约定好，谁先攻进咸阳谁就当汉中王。最终，刘邦率先攻进了咸阳，项羽的谋士范增就献计：在咸阳郊外一个叫鸿门的地方摆下宴席招待刘邦，趁机杀了他。

　　第二天，刘邦带着张良和樊哙（kuài）准时来赴宴。到了鸿门，刘邦率先坦言自己并无称王之心。项羽被他哄得高兴，就不再生气，反而让刘邦陪自己饮酒。在席上，范增数次以眼神提示项羽动手杀了刘邦，但是项羽都装作没看见。范增看在眼里，急在心上，就命令项庄在席上舞剑助兴，趁机杀了刘邦。

　　此时项羽的叔父项伯也在席上，他和刘邦的谋士张良是好朋友，所以对刘邦心存顾惜之情。他看到情形不对，也赶忙起身舞剑，替刘邦挡了好几剑。张良则趁机偷溜出帐，告知樊哙事情紧急。樊哙一听，立马提剑入帐，怒气冲冲地说："我军先行入关，为项王扫清了道路。这样劳苦功高，没有得到大王的赏赐就算了，还要受到大王的猜疑，您真是大错特错。"

　　项羽听了，没有说什么，只是命樊哙坐下喝酒吃肉。酒至半酣，刘邦借口上厕所，带着随从偷偷溜走，逃过了一劫。

振聋发聩

声音大得连聋子都能听见。比喻用语言文字唤醒糊涂麻木、是非不明的人，使他们清醒过来。

你知道吗？

"聩"，只能听到杂音而听不清人说话声的半耳聋疾病。如果一个人的听力出了问题，不能听清人们说话的声音，而只能听到周边环境中嘈杂的声音，可想而知他的生活会遭遇各种困难，而"发聩"就是指用强有力的话语使那些是非不明的人清醒过来。

举个例子

然在革命初期总须得有一二壮烈的牺牲以振聋发聩……

郭沫若《今昔集》

欲治其国，必先除刺

宋濂是明朝初期著名的文学家，曾经被明太祖朱元璋誉为"开国文臣之首"。胡惟庸叛乱案爆发后，宋濂受到牵连被关进大牢里。当时，宋濂是太子朱标的老师，于是，朱标便去朱元璋那里替宋濂求情。

朱元璋一听，寒着脸，冷冷地说："宋濂和胡惟庸是同党，罪不可赦！任何人替他求情都没用。你虽然是太子，但照样不行。"

朱标仍然替宋濂辩解："我可以用性命担保宋濂不是胡党，请父皇开恩饶过他吧！"

朱元璋是个疑心很重的人，他主意已定，务必要铲除宋濂，以绝后患。他环顾四周，径直走入花丛中扯出一根荆棒，扔到朱标的面前，说："你把这根棒子拿起来。"朱标看见荆棒上全都是刺，没敢动手。

朱元璋冷笑道："我现在做的事情，就是替你把荆棒上的刺去除干净。宋濂那些骄兵悍将就如同这些刺，只有除去了，你才能安安稳稳地坐江山。"朱元璋这番话振聋发聩，朱标只好闭口不再求情。

后来，宋濂被流放茂州，病死在途中。

执拗

形容固执任性，坚持己见，听不进别人的意见。

你知道吗？

　　"执"甲骨文写做""，""是铐手的枷锁，""是一个人伸出双手。表示用枷锁铐住犯人的双手，进行逮捕拘留。后来引申为固执坚持、不听劝告。"拗"本义是双手对拉，表示两只手不友好，闹别扭。执拗的人常常听不进别人的意见。

举个例子

　　李逵守死要去，那里执拗得他住。

〔明〕施耐庵《水浒传》

梁漱溟的父教

梁漱溟（míng），是我国著名的思想家、哲学家、教育家。可他小时候却有点呆笨、执拗。6岁了，自己还不会穿裤子，经常是妹妹帮他系裤腰带。

有一天早晨，母亲见梁漱溟迟迟不过来吃早饭，就喊道："为什么还没有起床？太阳都晒屁股啦！"没想到梁漱溟竟理直气壮地回答道："妹妹不给我穿裤子。"惹得全家人哄堂大笑。对这个有些呆笨、执拗的儿子，父亲并不生气、埋怨、训斥，反而用提醒、启发的方法让儿子懂得如何去做。

有一次，小漱溟自己玩耍时，将一串铜钱遗忘在了屋外的树枝上，怎么找也找不到，于是就大吵大闹，硬说是别人拿走了。后来，细心的父亲在外面发现了铜钱，知道是儿子自己忘记了，便写了张字条给儿子。字条上写着：有一小儿，自己把一串铜钱挂在屋外的树枝上，不仔细找，却怪别人拿了。看了字条后，小漱溟马上出去寻找，果然在树枝上找到了那串被自己遗忘的铜钱，顿时觉得十分惭愧。

梁漱溟在晚年回忆父亲时说："父亲最喜欢听我发议论，还爱讲戏中的故事给我们听，从来没有用严肃的神情对着我们。"正是这样的父爱使梁漱溟有充分的机会创造自己、发现自己。

锱铢必较

对很少的钱或很小的事都要计较，多形容过于吝啬或气量小。

你知道吗？

锱、铢都是"金"字旁，表示与金属或货币有关。锱，古代的重量单位，六铢等于一锱，四锱等于一两；铢，也是古代的重量单位，二十四铢为一两，所以锱的单位比铢更大一些。尽管如此，但两者在古代都是相对很小的重量单位。锱铢必较的近义词有斤斤计较、一毛不拔等。

举个例子

他不能同人锱铢必较地算账，不过单是这缺点，也就使人变成更可爱的人了。

沈从文《菜园》

吝啬的严监生

从前有个人叫严大育，人们都叫他严监生。他得了很重的病，用了不少药，还不见效，甚至一连三天不能说话。于是，亲戚朋友仆人挤了一屋子，来为他送终。这时天黑了，桌上点着一盏灯。严监生喉咙里，痰响得一进一出，一声接一声的，总是不断气，还把手从被单里拿出来，伸着两个指头。大侄子上前问道："二叔，你莫不是还有两个亲人不曾见面？"他把头摇了两三摇。二侄子走上前来问道："二叔，莫不是还有两笔银子在哪里，不曾吩咐明白？"他把两眼睁得溜圆，把头又狠狠地摇了几摇。这时，他的老婆赵氏慌忙揩揩眼泪，走近前道："老爷！别人都说得不对，只有我晓得你的意思！你是为那灯盏里点的是两茎灯草不放心，恐费了油。我如今挑掉一茎就是了。"说罢，忙走过去挑掉一茎。严监生点一点头把手垂下，登时就没了气。

这个严监生爱财如命、锱铢必较，是中国古典文学作品里出了名的吝啬鬼形象。

吊诡

奇怪、怪异。或者指悖（bèi）论。

你知道吗？

　　"吊诡"这个词的意思多指"悖论"。用一个例子解释吊诡的悖论："这句话是假的。"如果你认为这句话是真的，那么从内容上来说它就是假的；如果你认为这句话是假的，那么它的确做出了一个正确判断，就成了真的。

举个例子

　　为什么这么多行人对眼前的红灯视而不见？有专家认为，这种吊诡的变化之中，一则存在群体效应，大家都这么做，法不责众，形成了一种社会氛围……

《"中国式过马路"憾成通病》，《钱江晚报》2012年12月23日

吊诡的癖好

春秋战国时期，楚国的楚灵王喜欢他的臣子有纤细的腰身。楚国的士大夫们为了讨好大王，保持纤细的腰身，大家每天都只吃一顿饭，因此，饿得头晕眼花。有的士大夫想要从席子上站起来都力不从心，只能扶着墙才能慢慢站起来；有的士大夫坐在马车上想要站起来，只能扶着车上的栏杆；更严重的甚至饿死了。

那时，还有个诸侯叫卫懿公。卫懿公有个特别爱好——喜欢养鹤。他按品质、体姿将鹤封为不同的官儿。出游时，这些鹤乘坐着华丽的马车陪同。这个癖好需要花费大量金钱，国库不够，卫懿公就下令向百姓强征，至于百姓的温饱，他全然不顾。

楚灵王和卫懿公这两个暴君，都因为吊诡的癖好导致国破人亡。

僭越

超越本分，古时指地位在下的人冒用地位在上的人的名义或礼仪、器物。后多指超越本分行事，常用于谦辞。

你知道吗？

"越"是"走"字旁。"走"古字写成""，像一个人摇摆起双手走路的样子。"走"旁字多和行动有关系，如赶、起、超等。还有一个偏旁叫"走"之底（"辶"），如逃、追、迎、退、进等，也和行动有密切关系。

举个例子

玄德不能隐讳，遂曰："舍弟见操僭越，故不觉发怒耳。"

〔明〕罗贯中《三国演义》

曹操围猎僭越

东汉末年，曹操挟天子以令诸侯，把皇帝当成傀儡。

一天，曹操请皇帝出城打猎。一行人转过土坡，突然看见荆棘中跑出一只大鹿。皇帝连射三箭未中，回头对曹操说："你射射看。"曹操便用皇帝的宝雕弓一箭射杀了鹿。文武百官见了，以为是皇帝射中的，便高呼万岁。曹操却洋洋得意地挡在皇帝面前，接受文武百官的祝贺。如此不把皇帝放在眼里，群臣大惊失色。

此时，刘备与关羽也在随行的官员中。关羽见曹操大胆妄为，提刀拍马而出，要杀曹操。刘备认为时机未到，暗中拦住了关羽。

又一日，董国舅登门拜访刘备，说："那天在猎场，关羽想要杀曹操，您摇头将他拦下来，这是为何？"刘备见不能隐瞒便只好直说："我弟弟看见曹操有所僭越，侮辱皇帝，很是生气。"

董国舅掩面痛哭起来："朝廷臣子，如果个个都像关羽一样，怎么还会是现在这样的局面呀！"刘备见董国舅不像在试探他，是真心为国，便与他歃（shà）血为盟，决心铲除曹操。

宽宥

宽容；饶恕。

你知道吗？

　　"宽"是宝盖头（"宀"），带宝盖头的字一般和房屋有关，如家、宇、室、牢等。"宽"的本义是广阔的房屋，引申为宽大、宽容。"宥"的意思与"宽"相近，指饶恕，多用于司法领域，引申为赦免，例如成语赦过宥罪，意为赦免过错，宽恕罪行。

举个例子

　　本书所有的不能宽宥的毛病，不在上半部而在下半部。

刘半农《读〈海上花列传〉》

王 梁 辞 官

东汉云台二十八将，是指帮助光武帝刘秀一统天下、重兴汉室江山的二十八员功勋卓著的大将。我们今天的故事主角——王梁就是其中之一。

王梁骁勇善战，为人正直，跟随光武帝刘秀南征北战，收复失地，立下汗马功劳。光武帝封他为河南尹，镇守一方。可是在他任职河南期间，当地发生了一件大事，改写了他的命运。

河南地处中原，水资源极其匮乏。王梁一心要做个好官，报效朝廷，当他看见当地百姓饱受缺水困扰之后，决定兴修水利。王梁带人日夜开渠，本想引谷水注入洛阳城，向东泻入巩川，可没想到水渠修好了，却没有一滴水流进水渠内。

百姓们失望极了，纷纷埋怨起来："花了那么大的力气修水渠，却一滴水也没有，这个王梁真是个昏官。"王梁也十分自责，自认为对不起百姓，无颜面对朝廷，便上书请求辞去官职。光武帝刘秀见王梁态度坚决，只好下诏书说："王梁军功显赫，如今他修渠失败，本该功过相抵，得到宽宥，但他执意隐退，我只能成全他。"于是，将王梁降职为济南太守。

[niè shì]

啮噬

咬，比喻折磨。

你知道吗？

"啮"和"噬"都表示咬的意思。同样是咬，鸟的咬叫啄，兽的咬叫啮。在哺乳动物里，有一种种类很多、分布很广的啮齿动物，比如兔子、老鼠、河狸，它们的特点就是喜欢咬东西。

举个例子

那张被病菌啮噬着的面孔是曲扭着的，丑陋的。

《花城》1981 年第 5 期

苏武吞雪啮毡

汉武帝时，汉朝与匈奴的关系时好时坏，时战时停。公元前100年，匈奴新单于（chán yú）继位，想要和汉朝恢复和平，汉武帝也想让将士们休息一下，于是，派遣大臣苏武出使匈奴。

苏武带领百余人，历经千辛万苦，抵达了匈奴。谁料，匈奴贵族把苏武一行人扣留了下来，并要求他们背叛汉朝，臣服单于。

单于说，如果苏武答应他的要求，就让他当大官。但是苏武拒绝了。单于看利益诱惑不了苏武，就改用酷刑。苏武受尽了各种折磨，依然不改初心。单于就把他关进了一个大地窖里，断绝一切生活用品。在冰天雪地、毫无遮挡的环境下，苏武意志坚定，渴了就吞雪当水喝，饿了就啮噬身上的羊皮袄。这样过了好些日子，单于见苏武仍然不肯屈服，就把他流放到西伯利亚边的贝加尔湖，让他去放羊。在苏武临行前，单于对他说："什么时候公羊生了羊羔，我就让你回到中原去。"

就这样苏武与同伴们分开了。他每天手持旄节在湖边放羊，渴了吃雪，饿了咬野菜逮野兔，日复一日，年复一年，头发和胡须都白了，终于在19年后回到了祖国。

【 níng dì 】

凝 睇

注目斜视，凝望。

你知道吗？

"凝"是注意力集中的意思，这是一个富含思想、情感的字眼。聚精会神地看叫做凝视，集中精神思考叫做凝思，这些词语的背后都有着强烈的思想情感韵味。

"凝睇"是一个颇具"中国风"的词汇，里面藏着中国式的内敛与活泼，常与女子的优美宁静或俏皮可爱有关。

举个例子

你看她蹙（cù）眉凝睇，如有所待。

〔元〕尚仲贤《柳毅传书》

含情凝睇谢君王

我们常用"沉鱼落雁，闭月羞花"指代中国古代四大美女，其中的"羞花"指的就是杨贵妃。她肤若凝脂、精通音律、能歌善舞，深得唐玄宗的宠爱。

唐玄宗晚年，爆发了一场政治叛乱——"安史之乱"。以安禄山和史思明为首的叛军攻占了唐都长安，唐玄宗只能带着杨贵妃狼狈出逃。当他们随禁军逃至离京一百里处的马嵬（wéi）驿时，发生了历史上著名的"马嵬坡之变"。

当时，禁军官兵皆认为杨贵妃是祸国红颜，逼迫唐玄宗处死杨贵妃。为了平息兵愤，杨贵妃被迫自杀。平息乱局回朝之后，唐玄宗终日郁郁寡欢。后来，诗人白居易以此写了一首长篇叙事诗《长恨歌》，其中写道：

玉容寂寞泪阑干，梨花一枝春带雨。

含情凝睇谢君王，一别音容两渺茫。

虽然唐玄宗和杨贵妃是那样的情深义重，却又如此无可奈何。想必，杨贵妃当时所有的思绪尽在这"凝睇"二字里了！

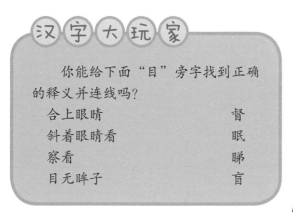

你能给下面"目"旁字找到正确的释义并连线吗？

合上眼睛　　　　　　　　督
斜着眼睛看　　　　　　　眠
察看　　　　　　　　　　睇
目无眸子　　　　　　　　盲

【 níng yē 】

凝噎

嗓子被气憋住，哭不出声，说不出话。

你知道吗？

描绘哭泣的成语有很多。涕泗交流、声泪俱下是形容大哭；肝肠寸断是形容痛哭；抽抽噎噎是形容低声哭泣；哭得噎住了、出不来声音，叫泣不成声；最悲时是无泪的、无声的，就是"无语凝噎"了。

举个例子

执手相看泪眼，竟无语凝噎。

〔宋〕柳永《雨霖铃》

无声情更切

《红楼梦》里贾宝玉和林黛玉是一对欢喜冤家，别看他们平日里经常怄气斗嘴，却相知最深。

一天，贾宝玉因为不努力读书，又和忠顺王府唱戏的蒋玉函交朋友，把父亲贾政气得面如金纸，气喘吁吁。贾政命令仆人用板子打，打得不解恨又自己打。打得贾宝玉血迹斑斑，皮开肉绽，直到王夫人、贾母来劝说才住手。

宝玉被抬到怡红院自己的床上，众姐妹都来探望，心疼不已。宝玉的表姐宝钗也来了，手里托着一丸药。见宝玉好了一些，心里有些安慰，叹气说："早听我的话，也不会有今天这样的事。别说老太太、太太心疼，就是我们……"刚说半句，又忙止住，红了脸，低下头含着泪。

后来，黛玉也来了，她眼睛肿得像桃子一样，满面泪光。见到宝玉被打得如此严重，虽然没有号啕大哭，但无语凝噎，比痛哭更难受。心中有千言万语，却说不出半句，等了半天才抽抽噎噎地说："都改了吧！"

与众姐妹相比，黛玉这是无声胜有声，无声情更切啊！

[qí cháng]

身材修长。

你知道吗？

　　"长"是个象形字，古字是"象形"，像一个人（亻）头发飘散（彡）的样子。在古代，人们认为须发是父母所赐，不能随意剃剪，因此年龄越大，须发越显眼，成为年老的象征。故"长"的本义是头发飘飘的老人，引申为长久。

　　"长"是个多音字，除了表示长度的读 cháng 外，还有一个读音是 zhǎng，是成长、生长的意思。

举个例子

　　宋苏轼君生而颀长，美须髯。

　　　　　　　　　〔清〕江藩《汉学师承记·程晋芳》

至情至孝的潘安

晋朝时，有二十四个人因文采盖世被称为"二十四友"，其中就有顾长姿美的潘安。潘安有着非常美好的容貌和优雅的神态风度，据说他驾车走在街上都会招来很多女子的追捧，连老妇人都为之着迷，纷纷把水果往他的车里丢。后来，人们往往用"貌似潘安"来形容男子的俊美。

潘安虽然如此俊美，却是个至情至性之人。他十二岁的时候，去拜见父亲的好友扬州刺史杨肇（zhào）。杨肇非常赏识潘安，当即就把自己的女儿许配给了他。潘安娶了杨氏之后，两人感情深厚，十分恩爱。可杨氏不幸早亡，潘安伤心欲绝，作《悼亡诗》三首，用来怀念杨氏，并终生未再娶妻。

潘安不仅对妻子至情，而且对母亲至孝。有一年，他的母亲得了病，很想回家乡养病。潘安得知母亲的想法，立刻辞官带着母亲返回家乡，并说："我如果贪恋荣华富贵，不肯听从母亲的意愿，那算什么儿子呢？"回到家乡后，母亲在他的悉心照料下痊愈了。

[qūn xún]

逡巡

有所顾虑而徘徊不前或退却。在古汉语中，也有倒退而行，表示恭顺的意思。

你知道吗？

"逡"的意思是来回徘徊，"巡"的意思是到处查看。这两个字偏旁相同，意思相近。像这样的词还有很多，如慷慨、蹊跷、徘徊等，它们有一个共同的名字，叫做"联绵词"。

举个例子

秦人开关而延敌，九国之师，逡巡遁逃而不敢进。

〔汉〕贾谊《过秦论》

有趣的汉字王国⑤

汉字风云会

106

孟尝君招贤纳士

　　齐国的孟尝君喜欢招贤纳士，不惜舍弃丰厚的家业来招待投奔他的门客。不分身份贵贱、不分相貌美丑、不分职业高低，只要与自己意气相投都以礼待之，所以当时诸侯国中的能人志士都倾心向往。

　　有位楚丘先生来拜访孟尝君，他已经七十高龄，穿着皮衣，腰间系着麻绳。孟尝君看了看老先生，说："先生春秋高矣，怕是没有什么可以向您求教的了。"

　　楚丘先生笑了笑说："啊，我老了吗？要派我去追车赶马，投石比远吗？如果是让我追逐麋鹿、搏斗虎豹，那我已经死了，不只是老了；如果是让我用正确的言论说服各国诸侯，辨别嫌疑，排解忧虑的话，我刚刚壮年，哪里会老呢？"

　　孟尝君听了，逡巡避席，脸上流露出惭愧的表情，起身向楚丘先生道歉。

叨扰

客套话，打扰。多用于受到款待，表示感谢。

你知道吗？

　　你知道古人是怎么表达感谢的吗？他们一般会说"多有叨扰"或"冒昧叨扰"。这是一种很谦虚的说法，表示自己因麻烦到别人而感到不好意思。类似的词语还有"叨福"，指承受福庇；"叨光"，指受到好处表示感谢；"叨教"，指受到指教表示感谢。

举个例子

　　我们只是叨扰，再无回答，也觉面皮忒厚了。

〔明〕凌濛初《二刻拍案惊奇》

程 门 立 雪

杨时是北宋哲学家、文学家，他从小聪明伶俐，十五岁开始攻读经史。当他中年时，非常仰慕大学问家程颐，就想拜程颐为师。有一天，他和朋友游酢（zuò）一块儿到程家去向程颐求教。

时值隆冬，天寒地冻，他们到达时凑巧赶上程颐坐在炉边打盹儿。这时候，外面开始下起了雪。这两人求师心切，又担心打扰程颐，就恭恭敬敬地站在门后，安安静静地等待先生醒来。雪越下越大，杨时的两只脚冻僵了，冷得发抖，但依然恭敬侍立。就这样等了大半天，程颐才醒来。他从窗口发现了仍站在风雪中的杨时、游酢，只见二人通身披雪，脚下的积雪已一尺多厚了，脸上却没有一丝疲倦和不耐烦，这让程颐很受感动。程颐赶忙起身，亲自把他俩迎进屋，并收为入室弟子，悉心传授学问。

后来，两人学得程门理学真谛，"程门立雪"的故事也因此成为了尊师重道的千古美谈。

巧填敬辞、谦辞

拙　敝　敢

用于问对方问题——（　）问

谦称自己的文字或书画——（　）笔

谦称自己——（　）人

消弭

消除（坏事），平息。

你知道吗？

"弭"最早指的是一种弓。你看金文的"弭"，左边这个弯弯曲曲的"弓"像不像一把弓呢？弓是古代重要的狩猎工具，古人常为它精心打扮。有人用兽骨来打扮弓的两端，这种弓人们就称它为"弭"。由于"弭"两端坚硬、光滑，骑马的时候马缰绳打结，就可以用"弭"来解开，"弭"就逐渐有了止息、中断的意思。

金文的"弭"

举个例子

丞相用兵作战是为了平定中原，消弭外患。

郭沫若《蔡文姬》

神农尝百草

中国神话中的上古部落首领神农氏，传说是农耕和医药的发明者。

相传远古时，人们吃野草，喝生水，食用树上的野果，吃爬行的小虫，所以常常生病、中毒。神农就教人们播种五谷，人们跟他学会了种地。有了足够的粮食，从此人们不再挨饿。但是，不少人吃饱饭之后仍然会生病。有的人患了病，很长时间也不好，只能逐渐走向死亡。神农非常焦急，却没有找到治疗疾病的办法。

后来，神农下定决心尝遍所有的草来帮助人类消弭疾病，据说他尝过的植物有三十九万八千种。一天，他发现一株从未见过的植物，开着一朵朵黄色的小花，叶子还会一张一缩。他奇怪极了，就采了一些叶子放在嘴里咀嚼。谁知这是一种有剧烈毒性的药草，叫断肠草，吃了毒草的神农就这样死去了。人们为了纪念他的恩德和功绩，尊他为药王神，为他修建了药王庙。我国的川、鄂、陕交界的天然中草药库，传说是神农尝百草的地方，人们为了纪念他的功绩，把这一地带称为神农架。

汉字大玩家

巧 填 对 联

（　　　　），张弓手张弓射箭，箭箭皆中；木子李李木，李木匠李木雕弓，弓弓难开。

【 yáng zhuāng 】

佯装

假装。

你知道吗？

　　"佯"为形声字，形旁为"人"，声旁为"羊"，意思为假装。李白的诗"笑入荷花去，佯羞不出来"，就是说（女孩子）笑着躲进了荷花丛中，假装害羞不肯出来。

举个例子

　　冀申佯装什么也不知道似地说："什么风把你们二位吹来了？"

蒋子龙《乔厂长上任记》

老虎的呻吟

　　森林里有一头老虎，因为年老体弱，很难捕食到动物了。他趴在洞穴里，肚子饿得咕咕叫，怎么办呢？他灵机一动，想出了一个办法。

　　他佯装病重，大声呻吟，附近的一些动物听到老虎的呻吟声，纷纷进洞探视。

　　狐狸听到了这个消息，也前往探视。他走到洞穴前，只听到老虎呻吟声越来越大，可怜极了。这时原本打算进去的狐狸，忽然竖起耳朵，收回已经跨进洞穴的前脚，在洞穴四周来回踱步。

　　洞里的老虎眼见狐狸迟迟没有进洞，忍不住问狐狸说："狐狸啊！你既然来了，为什么不进来呢？"

　　狐狸回答："我只见一些往里走的动物脚印，却看不到往外走出来的脚印，我怎么敢进去呢？"

[yé yú]

嘲笑，讥讽。

114

你知道吗？

　　"揶"是一个很有个性的字，因为它有且只有一个朋友，那就是"揄"。单独的"揶"字是不表示任何意思的，只有当"揶"和"揄"遇到一起，组成"揶揄"这个词的时候，才有了意义，表示嘲笑、讥讽。

举个例子

　　市人皆大笑，举手揶揄之。

〔汉〕班固 等《东观汉记·王霸传》

被 鬼 揶 揄

罗友是东晋时期襄阳人，他从小就非常好学，记忆力超群，后来他因博学多才被当时的权臣桓温招为部属。

罗友虽有出众的才华，却不拘小节，还常常讨要赏赐，蹭吃蹭喝。有一次桓温给车骑将军王洽送别，罗友前来坐了很久才告辞。桓温以为他有事要商议，可他只是为了尝尝没吃过的白羊肉，吃完就走，没有一点羞愧的样子。桓温认为他太荒诞，一直都不委以重用。

一天，有一位官员被任命为郡守，桓温摆下宴席为此人钱行，其他人都早早到了，只有罗友姗姗来迟。桓温问他为何来迟，罗友答："我在路上遇见一个鬼，他揶揄道，只见你每次都送别人去做郡守，怎么从没见别人送你去做郡守啊？我先是害怕，后来又觉得惭愧，在那儿伤心落泪了好一阵，所以来迟了。"桓温当然听出了他的言外之意，为怠慢了他而心下不安。

不久，罗友就被任命为襄阳太守，后来还当上了广州、益州的刺史。他处理政务只管大事，不拘小节，使管辖地的百姓和官吏都感到安定。

【zhì gù】

桎梏

脚镣和手铐，比喻束缚人或事物的东西。

你知道吗？

　　小朋友们，你们知道古代犯人的脚上和手上戴的木质刑具叫什么吗？它们分别叫"桎"和"梏"。犯人戴上"桎"和"梏"后，行走非常不方便、不自由，所以，"桎梏"有束缚、拘禁的意思。

举个例子

　　华人之被桎梏虽极酷烈，而其天生之性灵，深沉之智力，到底不可磨灭。

孙中山《伦敦被难记》

蔡 伦 造 纸

　　蔡伦是东汉人，他曾担任尚方令这个官职，主管制造皇帝用的器物，监督工匠为皇室制造宝剑和其他各种器械，因而经常和工匠们接触。劳动人民的精湛技术和创造精神，给了他很大的影响。

　　当时的书写材料主要有两种：一种是竹简和木简，一种是丝帛。竹简和木简太笨重；丝帛太贵，不可能大量生产，二者都有缺点。蔡伦观察到了这一点，他摆脱思维的桎梏，放弃笨重或昂贵的书写材料，带领工匠们尝试用树皮、麻头、破布和破渔网等原料来造纸。他们先把这些原材料剪碎，放在水里浸渍相当长时间，再捣烂成浆状物，经过蒸煮，然后在席子上摊成薄片，放在太阳底下晒干，这样纸就形成了。

　　用这种方法造出来的纸体轻质薄，很适合写字，受到了人们的欢迎。蔡伦发明造纸方法，这是人类文化史上一件大事。从此，纸大量生产。人们为了纪念蔡伦，就把用这种工艺造出来的纸称为"蔡侯纸"。

【 gǒu zhì 】

犬与猪。常比喻行为恶劣或品行卑劣的人。

你知道吗？

"彘"是猪的意思。甲骨文写成"[图]"。一只猪抬着头，曲着身子，尾巴下垂，四只脚向前，一支箭直插入它的体内。本义是用箭射中一头野猪。再来看"彘"，这支箭藏在哪儿呢？对了，它就是"彘"的下半部分里的"矢"，"矢"就是箭的意思。

举个例子

左押衙是个好男子，不为此狗彘之事。

〔明〕陆采《明珠记·拒奸》

主张和平的墨子

墨子，是春秋战国时期人，他是墨家学派的创始人，著名的思想家、教育家、军事家。墨子有个著名的主张——非攻，就是反对攻伐掠夺的不义之战。

一天，一个叫公孙高的人去找墨子。他们寒暄片刻后，就开始讨论战争与和平的问题。公孙高和气地问墨子："先生是主张'非攻'的？"墨子肯定地回答："是的。"公孙高又问："难道君子之间就不会有争斗吗？"只见墨子站起身，更加坚定地回答："没错。"公孙高听后，很不以为然，他说："狗彘尚且要斗，何况是人呢？"墨子摇了摇头，叹了口气，说："唉唉，你们这些人，说话学习尧舜，做事却学着猪狗，真是可怜啊可怜。"说着，墨子急匆匆地走到后院去了，一边走一边说："你不明白我的意思，你不明白我的意思啊……"

墨子主张兼爱和平，认为人与人之间应该相爱，而不应该像猪狗一样斗来斗去。

[yāo xié]

要挟

利用对方的弱点，仗恃自己的势力，而强迫他人答应自己的要求。

你知道吗？

要，古字写成""，上面像人的头，下面像人的脚，中间就是人的腰部，所以在古代，"要"和"腰"意思是相通的。

当表示要求、要挟时，这个字读 yāo ；当表示索要、简要、将要时，读 yào。

举个例子

他们最后提出一个条件：清政府如果用本国的工程师来修筑铁路，他们就不再过问。他们以为这样一要挟，铁路就没法子动工，最后还得求助于他们。帝国主义者完全想错了，中国那时候已经有了自己的工程师，詹天佑就是其中一位。

人教版六年级上册语文教材《詹天佑》

寒食节的来历

春秋时期，晋国宫廷发生了内乱，公子重耳为了逃避灾祸，只好四处流亡。有一次在路途中，没有东西吃，重耳饥饿难忍，随行的介之推偷偷割下自己大腿上的一片肉，制成羹汤献给他，重耳这才保全生命，渡过了难关。后来，重耳归国，当上了晋国国君，即为晋文公。然而，在封赏功臣时，晋文公却忘掉了介之推。于是，介之推和老母去了绵山，隐居起来了。

晋文公后来想起这件事，很惭愧，便派人多次召请，介之推却坚决不出山。晋文公无奈，便亲自带了大小官员前往绵山寻访。绵山蜿蜒数十里，谷深林密，竟无法可寻。晋文公求人心切，听小人之言，以放火烧山为要挟，逼介之推出山。可大火烧了三天，介之推的影子也没见。等火灭的时候，晋文公率人上山寻找，却发现介之推与老母抱着一棵大树被烧死了。

晋文公极为愧疚痛悔，大哭之后，下令将介之推厚葬，又将其遇难之日定为寒食节（清明节前一二日），全国严禁举火，无论何人，一律不准吃热的食物，以示对介之推的悼念之意。这就是寒食节的来历。

附录：

"汉字大玩家" 参考答案

P17：纹丝不动　蛛丝马迹　藕断丝连　一丝一毫　千丝万缕　丝竹管弦

P39：松下围棋，松子偶随棋子落

P77：角、家、眉、页（头的意思）

P101：合上眼睛——眠；斜着眼睛看——睨；察看——督；目无眸子——盲

P109：敢问　拙笔　敝人

P111：弓长张张弓

图书在版编目（CIP）数据

汉字风云会　有趣的汉字王国. ⑤/《汉字风云会》
栏目组编著；关正文总策划. 一福州：福建教育出版社，
2018.3（2019.2重印）
ISBN 978-7-5334-8020-2

Ⅰ.①汉…　Ⅱ.①汉…　②关…　Ⅲ.①汉字一通俗读
物　Ⅳ.①H12-49

中国版本图书馆 CIP 数据核字（2018）第 022584 号

Hanzi Fengyunhui Youqu de Hanzi Wangguo

汉字风云会　有趣的汉字王国⑤

《汉字风云会》栏目组　编著

关正文　总策划

出版发行	**福建教育出版社**
	（福州市梦山路 27 号　邮编：350025　网址：www.fep.com.cn
	编辑部电话：0591－83779650
	发行部电话：0591－83721876　87115073　010－62027445）
出 版 人	江金辉
印　　刷	福州华彩印务有限公司
	（福州市福兴投资区后屿路 6 号　邮编：350014）
开　　本	710 毫米×1000 毫米　1/16
印　　张	8.25
字　　数	119 千字
版　　次	2018 年 3 月第 1 版　2019 年 2 月第 3 次印刷
书　　号	ISBN 978-7-5334-8020-2
定　　价	25.00 元

如发现本书印装质量问题，请向本社出版科（电话：0591－83726019）调换。